历史文物趣谈

大家史说

高伯雨／著

故宫出版社

图书在版编目（CIP）数据

历史文物趣谈 / 高伯雨著. — 北京：故宫出版社，2011.12（2014.3 重印）
（大家史说. 第 2 辑）
ISBN 978-7-5134-0226-2

Ⅰ. ① 历…　Ⅱ. 高…　Ⅲ. ①历史文物-研究-中国-古代　Ⅳ. ①K871

中国版本图书馆 CIP 数据核字（2011）第 271409 号

历史文物趣谈

著　　者：高伯雨
责任编辑：江　英　王冠良
装帧设计：赵　谦
出版发行：故宫出版社
地址：北京市东城区景山前街 4 号　邮编：100009
电话：010-85007808　010-85007816　传真：010-65129479
网站：www.culturefc.cn　邮箱：ggcb@culturefc.cn
印　　刷：保定市中画美凯印刷有限公司
排　　版：保定市万方数据处理有限公司
开　　本：880 × 1230 毫米　1/32
印　　张：3.75
字　　数：80 千字
版　　次：2011 年 12 月第 1 版
2014 年 3 月第 2 次印刷
印　　数：3001 ~ 6000 册
书　　号：ISBN 978-7-5134-0226-2
定　　价：22.00 元

序

经过二三十年时间的考验，我的朋友们在学术上卓然成家的已经有不少人。

但是，就掌故学而论，我的新交旧识中还没有第二个人可以和高伯雨先生抗衡。他的成就简直可以和《中华二千年史》的作者邓之诚先生相媲美。

原来掌故学主要的是研究典章文物。要精通典章文物，必须对政治、经济、社会、教育等制度，以及各部门的文学和人情风俗下工夫，这才谈得中肯。不过有些人，往往以耳代目，道听途说，摭拾人家的唾余，然后加上一些推测，说得口沫横飞，仿佛只有他们懂得内幕，这真是不知道人间还有羞耻的事情。

伯雨先生之所以精通掌故学，并不是没有原因。

第一，他有广泛的兴趣。他出身于潮州的富裕的家庭，幼时曾留学日本和英国。因为他不急急于猎取学位，所以他可以凭个人的兴趣从事博览。从文学、史学、政治、经济、社会、教育，到绘画、书法、金石，他都有浓厚的兴趣。他走遍名山大川，广交当代风流人物。因此，无论谈什么问题，他都能够原原本本地和盘托出。

第二，他专精近代中国史实。做学问的秘诀，不外“由博返约，执简驭繁”八个大字。上句指归纳，下句指演绎，归纳和演绎交互为用，这才有所成就。伯雨先生在学问上奠定广泛的基础后，近二十年来便致力于近代中国的史实。他的方法是以《清史稿》做底子，然后参阅各家文集、传记、年谱、小说、笔记、日记以及碑板。经过排比、互证、对校之后，一切来龙去脉，完全了然于胸中。换句话说，从一八九五年的甲午战争起，到一九五五年中国参加万隆会议止，那六十年间的史实，他差不多是点滴不漏地尽量搜集，切实研究过。

具备这两个大条件，伯雨先生不谈掌故便罢，一谈就能够道出真相。专门治近代中国史的学者们，如能跟伯雨先生时常接近，绝对不至走入迷津，而质疑问难的乐趣更不必说。

年来伯雨先生已经刊行两三种专著，现在又把近三年间所发表的有关于历史文物的文章，搜集了二十五篇，辑为一集，题为《中国历史文物趣谈》。其中如《谈〈八十七神仙卷〉》、《苏东坡〈寒食诗帖〉真迹》、《三希堂法帖》、《宋高宗的字》，都是讨论中国著名的字画的力作，他如《〈四库全书〉与七阁》、《范氏天一阁》，正是现代学者最重视的国家图书馆的前身。至于甲骨文、买地券，这些本来是再枯燥不过的材料，可是经过作者一点缀，却成为很有趣味的故事。文字的妙用，全在于化腐朽为神奇。把杂乱无章的故纸堆，整理成有条不紊的系统；把味同嚼蜡的东西，变成津津有味。伯雨先生可以说是洞悉这道理。

我和伯雨先生结交二十年。自太平洋战争爆发后，大家散处天南地北，但他的研究近代中国史实的辛勤，实在使我钦佩。

现值他的新著出版的前夕，我特地写了这篇短文。这算不得什么“序”，仅表示我的一点敬慕的意思罢了。

连士升

一九五八年一月四日志于新加坡

目录

大盂鼎与大克鼎

上海市的上海博物馆陈列室，摆着两个西周时代的大鼎，一个叫“大盂鼎”，一个叫“大克鼎”。它们分贮在两个大玻璃橱内，骤然看起来，真是两件庞然大物。这两件重器是中国最著名的文物，为研究古代史和美术考古学的珍贵资料。它们在学术上的价值，堪与毛公鼎、散氏盘（此二物今在台湾）和虢季子盘（在北京故宫博物院）媲美，若以小盂鼎、小克鼎与之相比，真有大小巫之别了。

鼎是什么东西呢？我得约略介绍一下。鼎是古时一种食器，用于宗庙时，则又为祭器。鼎通常是三只脚的（也有四足的，如《博古图》所载文王鼎即是)，因此，凡三种力量平衡的时候，就叫做“鼎立”。鼎是用来烧肉的，古时就有一个故事，说伊尹负鼎说汤王，因为伊尹是一个烹调能手，以滋味来说商汤以行其道。伊尹所负的鼎大约不过十来斤重的食器，与项羽力能扛鼎的鼎不同，楚霸王能举的鼎是重器，起码也几百斤到一千斤的

(《战国策》说周伐殷，得九鼎，凡一鼎以九万人挽之，这恐怕不可信，九万人挽一个鼎是绝对没有的事，九十人或九百人还可信。古书中的“万”字，大有可疑)。鼎既然有三足，当然是用来做烹饪的居多（凡有三足的铜器，多为食器），因为火在鼎下燃烧，那三只脚就是架子。

我们知道了鼎的用途，再来谈一下它是什么东西造成的了。鼎是铜造的，是青铜器中的一类。古代的鼎，多数是纯铜和锡的合金，纯铜约占五分之四，所以叫做青铜。我们的青铜器已经有三千三百年的长久历史了。远在殷朝最后的几个王朝，我们的祖先就已经造出很精美的青铜器了。到底青铜器之作是几时发明的，直到现在，我们还得不到地下的资料予以证明，不过根据历代出土的青铜器看来，我们知道铜鼎之制，盛于殷、周，到汉朝就渐渐不兴了。

青铜器的铸造技术之高，使我们知道三千年前，我们的祖先对于冶金工艺和冶金技术到达了怎样的一个程度。如果我们的祖先没有提炼纯铜，制作复杂的模胎技术和具有高度的雕刻艺术，是制造不出这样精美绝伦的青铜器的。

大盂鼎和大克鼎从前是清朝光绪年间工部尚书潘祖荫的家藏之物。一九五一年十月九日，由潘氏的孙子潘达于献给上海市文物管理委员会（由潘的堂叔潘景郑代表行礼，当由华东文化部授予奖状)，上海博物馆成立后，才移去陈列的。

潘氏收藏这两大鼎，至一九五一年止，已七十多年（大盂鼎是一百年前在陕西郿县礼村的沟岸中出土，通高三市尺零二分，重三百零七市斤。潘祖荫死于光绪十六年（1890)，从那时起，两鼎就移藏在苏州老家)。抗日战争期间，潘家把这两鼎埋在地下，以避敌人搜索。当时苏州已被日敌攻取，日本人久闻这两件宝物的大名，一定要拿到手为快，幸得潘达于事先埋藏在地下，才能保存到今日。这两个大鼎，在清光绪末年端方做两江总督时，曾一度威迫利诱，要潘家卖给他，但潘达于始终予以婉拒。现在潘氏献给政府，使广大的人民都有机会见到这样精美的文物，这对于文化的发扬是有重大的贡献的。

凡是铜鼎类，皆有铭文，有长达几百字，也有短短几十个字。大盂鼎的铭文就有二百九十多字，它记载“王二十三年”(这个“王”指的是周康王）天子在宗周，诰诫他的大臣盂的一篇文字，教他千万不可酗酒，还说到周朝之有天下，完全是由于饮酒有节，殷之所以失天下，由于诸侯百官之酗酒所致，以下还有许多训话和赏赐都铸在鼎上。这个名叫盂的大臣，就以此鼎为祭祀他的祖父南公的祭器。

这两大鼎的体积是巨大惊人的，因为大，才叫做大盂鼎、大克鼎，它们的花纹与制作的精美，在西周彝器中也是罕见的。

毛公鼎

毛公鼎是中国三千年前所铸的一件铜器，在我们的文化史上占有极重要的位置。它的发现和被人争夺的一段历史，是相当有趣的。

远在一百年前，大概是清道光末年，毛公鼎在陕西省的岐山县被发现，最先为山东潍县人陈介祺所得（介祺字寿卿，号簠斋，道光廿五年乙巳恩科进士，授编修，大学士陈官俊之子，为近百年著名金石家。介棋向有富名。咸丰帝即位后，就勒索穆彰阿、崇实等人巨款，以发放京官薪俸，陈介祺也被派数万两）。介祺得到此鼎，欢喜非常，把它秘藏起来，轻易不肯给人一见。后来他把鼎内的铭文精拓出来，供给一班专门研究古史、金石文字的学者参考。此后，知道有毛公鼎的人就日渐多了。过了不久，不少人就向陈介祺索取拓本，介祺穷于应付，索性拓了来公开出卖，但价钱定得很高，以杜绝人们的要求，并省麻烦。

陈介祺秘藏毛公鼎不肯随便给人知道，那是大有原因的。在那个时代，有些达官贵人颇好风雅，不肖者就利用权势，知道某人藏有著名的金石书画，就想弄到手上为快。纵观历史，有些人因为藏有好东西，往往被累而倾家荡产，甚至失去生命，所以陈介祺有鉴于此，就把毛公鼎深藏起来。在他死去三十年后，一个豪于收藏古物的满洲大臣端方（字午桥，号陶斋，官至直隶总督，以事罢。辛亥复起，带兵入四川，在资州被杀），就垂涎陈家的毛公鼎，果然不出陈介祺生前所料。相传端方用势力和金钱把毛公鼎强买过来了。陈氏后人在万不得已中才答应卖给端方的。其中内幕如何，我们不得而知，也许陈氏后人有求于瑞方也说不定。说端方用威迫利诱弄到手，恐怕也未必尽然。端方在光绪廿六年（1900）以后，已经不在京里做官（他在京中做的官也微乎其微），后来出任湖北巡抚、湖南巡抚、两江总督，其势力皆不及山东，官虽大，但管不着潍县。所以我不敢随便说他用势力把毛公鼎弄到手。陈氏一个亲戚曾对人说，当毛公鼎成交之后，将出大门，陈氏一家人都列队送它，如丧考妣的挥泪再拜而别。此说还有点合理（我说端方不敢用尽势力去夺此鼎，也有原因的，端方在满洲大员中，还不失为一个自爱之人，有名士风，颇爱声名，他在光绪末年前程似锦，断不敢因一鼎而欲牺牲前程的，那时候清政府离然不纲，但一班御吏遇事敢言，一经给人揭发，他就受到攻击，前途大有影响了。所以我说毛公鼎之归端方，内幕非如此简单的）。

端方得到毛公鼎不久，就把直隶总督丢了，原因不是为此鼎。他被杀后，毛公鼎屡易主人。有个时期，美国人辛浦森曾出价到六七万美元，想据为己有，因为国人反对得厉害，美元也无能为力。一九二五年，此鼎为叶恭绰先生所得，据传代价极高。但叶先生个人无此能力，因与朋友数人合资买了。是否叶先生知道有外国要买，他就先下手为强，纠集朋友先把它买到手，以便保存文物。详细情形我现在还未知，尚待查考。

日本发动太平洋战争，叶先生在香港被日人绑架到上海，因生活关系，叶先生就和毛公鼎的“股东”商量，把它卖了，以济一时之急。于是毛公鼎就给上海一个著名富商陈咏仁买了（陈咏仁是学工科出身的，本在奥商百禄钢厂工作，后来创设新华贸易公司，生意很发达)。

一九四五年，日寇投降，国民党政府从重庆飞出来接收，陈咏仁多财，又藏有此鼎，就为戴笠所垂涎，勒令他献出。戴某对于文物是不感到兴趣的，他忽然风雅起来问鼎，无非是想以此重器由他直接献给上司为邀功邀宠罢了。匹夫无罪，怀璧其罪，陈咏仁竟因毛公鼎被幽禁了好几个月，后来花了很多钱，又托了很大的人事，才把他的“汉奸”罪名洗清，于一九四六年八月释出监狱，而毛公鼎则被目为“逆产”而充公，转由“中央博物院”收藏，准备等候博物院建成后才公开陈列。从此毛公鼎就深藏在仓库中，不见天日了！几年前，毛公鼎被劫运往台湾，几时才能陈列，给人欣赏研究，天晓得!

关于毛公鼎的年代和形制，我想只大略说一下。根据一班金石家的意见，认为它是西周成王至宣王之间的产品，因为铭文中不载年月，不能确定它是哪一个周王时代的东西。全器通耳高53.8公分，口径47.9公分，重34705公斤，两耳三足，腹内铭文32行，左右各16行，共500字。至于毛公是什么人，现在还未能研究出来，只知他名叫“厝”而已。

写完后，我还想多说两句。现在台湾的毛公鼎，是否为真鼎，我不敢说。据陈介祺的亲戚某君前几年对我说，陈介祺在世时，他早就想到终有一日会有权贵来劫买他的毛公鼎的，所以他在家中就秘密仿造了几个毛公鼎，以防万一。又据我所知，陈介祺雇有很多熟练工人，亲自督导他们复制古物。他所以如此，并非牟利，而是用以应付权贵。假如陈介祺复制有几个毛公鼎的话，那么，今日在台湾的那一个，也许就是假做的，真的说不定还深藏在山东地下，将来也许会有真的毛公鼎出现在中国大陆，那就真有趣了！

虢季子白盘

一九五〇年二月，中国著名的历史文物虢季子白盘，由合肥官亭区，刘老圩刘肃曾先生献给政府，运抵皖北行政公署。二月廿八日运抵北京，文化部文物局于三月三日上午九时至十二时举行特别展览，并对捐献人刘肃曾先生颁发奖状。

这个盘现在陈列在北京故宫博物院，一九五六年五月我在北京见过了。盘重四百五十斤，高一尺二寸(《商周彝器通考》作一尺二寸五分)，长三尺九寸，宽二尺四寸(《通考》作二尺四寸八分)，围十二尺，中空，腹深一尺一寸，颇类近代浴盆形状，盘底有曲尺脚四只。铭铸盘内左行，直行八，每行十三字。其中合文三，重文四，共一百一十一字，字体颇类秦篆，不似西周字势。铭文有：

（上略）虢季子白作宝盘……薄伐猃狁，于洛之阳……趄趄（即桓桓）子白，献馘于王。王孔加（即嘉）子白义……

这个盘主虢季，大概是周平王（前 770—前 720 年）时人，距今已有二千七百年了。虢是姬姓，季是他的字，名子白。古人凡是连称人的名字者，类皆先字后名，故从铭文中“虢季子白”来看，我们便可以知道他的名字了。这种例子，在古文字中多到不可胜数，例如孔父嘉、叔梁纥之类便是。

盘铭说：“薄伐猃狁，于洛之阳。”那是指子白奉工命拒猃狁入寇成周。那时候，猃狁是成周西方的强族，时时入寇中国的。虢季既把猃狁讨平，周平王就赐给他马、弓、矢、钺以征蛮方，于是子白就铸这个盘来记其事，铭文末句照例是“子子孙孙，万年无疆”（或“子子孙孙永宝用”）。

虢季子白盘是清同治三年（1864年，是年清军克复南京）刘铭传攻入常州，在太平天国护王陈坤书府中获得的，后来他把此盘搬回故乡合肥，在私邸中筑一盘亭来珍藏它。铭传是“武人中名士”（《翁同龢日记》中如此称他的。后来官至台湾巡抚，工诗，在台湾颇有建设），他得到此盘很高兴，时时把铭文墨拓了送给人。他在光绪六年（1880）入京见翁同龢时，就送给翁一份拓本。

这个盘的出土是在清道光年间，地点是陕西郿县礼村田沟间。当时有个农民在掘土的时候，忽然触到一件硬质的东西，便挖了出来，发现是一个大铜盘，也不知道是做什么用的，他就搬回家来盛水饮牲口。有一天，郿县的县官徐燮钧到宝鸡的虢川司，见到此盘，就用很低的代价把它买下来，后来搬回常州老家。过了几十年，太平军攻入常州，此盘也就换了主了。

甲骨趣谈

在过去四十多年间，中国研究甲骨文字，取得很大的成就。自从有了甲骨文字之后，我们不止拥有很多可以研究商代社会、文化、历史的宝贵材料，甚至商代之前或以后的古史，我们都可以从甲骨文里解决许多问题，这对于我们的文化贡献是何等巨大!

甲骨文是一种专门的学问，现在我只从若干有趣味的问题谈一谈，使读者知道甲骨是什么东西。

“甲”是龟壳，即是龟的甲：“骨”是牛骨（也有鹿骨、猪骨，也许还有羊骨)。“文字”呢，就是古人在甲骨上刻下的文字。我们把甲骨上的文字用墨拓下来研究，这种学问就叫做甲骨学。

古人为什么要刻些文字在甲骨上面呢？有趣的问题就来了。原来殷人是很迷信的，当时的皇帝，凡遇到水、旱、田猎等，都预先教卜臣（专主卜卦的臣仆）去“贞问”一下（“贞问”即是占卜)。卜得的是凶是吉，太卜就在甲骨上仔细研究，用口宣布出来，太史就照他所说的话用文字录下，刻在甲骨之上，然后用墨或朱涂上去。这就是现在我们所见的甲骨文字了。

太卜是一种专门人材，他们几乎是代代世袭的官。史臣（即太史）也是要有专门学问的人才可以充当的，他不止要会刻字，而且还要写字写得好。在武丁时代，几个太史，如“韦”、“亘”、“岳”等，都是当时的书法大家，我们现在见到他们所刻的字的拓本，真有银钩铁画之致。

说到这里，我还没有提到“贞问”是怎样进行的。现在可以说了。

殷人用龟甲牛骨来卜，当然这两种物质所需的数量是很大的。因此各地在宰牛来祭祀之后，把牛的两个肩胛骨马上拿下来，将肉剔净，又把背面的支骨锯下。这样，一块肩胛骨就可以放平了。再把两个肩胛背面合起来，成为一对，然后锯臼旁凸出的小圆形的骨，加工打磨，使这对牛肩胛骨光滑异常，缚在一起，称为一包。这种手续完成之后，就进贡给皇帝，以备占卜之用。专为皇帝掌管占卜的臣仆，就是史臣，他们收到各地进贡来的骨，又再加一番工夫，把骨施以凿钻，使骨板薄一些，将来使用时，易于爆裂，太卜在裂纹观出卜兆。

史臣收到各地贡来的骨（或甲），就好好地保存着，等到皇帝下令占卜，太卜就预备了火来灼骨。史臣说明了要占卜的是什么事之后，太卜就进行他的工作了。他拿出肩胛骨，以火灼钻过之处。过了一会后，胛骨爆裂，正面就显出卜兆。钻过的地方，横裂的纹才可以定凶吉，直裂的是不算的。占卜的工作到此告一段落（以龟甲占卜也同此手续）。

我们明白了甲骨占卜的次序之后，我们会问，到底占什么事用甲，什么事用骨呢？据专家的研究，殷人对此没有分别，大概甲、骨是一齐并用的。据胡厚宣先生说：

其次则殷代卜用之骨与甲者究有若干，亦一至有兴味之问题。殷代北方多牛，牛以祭祖，其胛骨即为占卜之用。……至于龟则系南方所产而贡于殷者。……至于卜用之甲骨则已出土之十万片甲骨文，其甲与骨之百分比为七三与二七，即甲约七三〇〇〇片，骨约二七〇〇〇片。……故殷代卜用之龟，约在数万，卜用之牛，约有五六千头，或至少当在此数以上也（见胡氏的《甲骨学商史论丛》第二集下册）。

一九五四年七月十二日某新闻社报道，卜骨在河南安阳一带出土，这一带正是卜骨分布的区域，在发掘城子崖的报告中已有详细的说明，现在续有发见，对于中国文化的贡献更大。至于卜用的龟甲的分布区域，多在淮河流域，卜骨则多在山东、河南甚至辽东一带。《后汉书》的《东夷传》有：“灼骨以卜，用决吉凶”，可见辽东的人也学了用骨卜的方法。李济在他的《城子崖》(1934年出版）序文里有说：

单就骨卜言，除了孕育殷商期中国最早期的朝代文化外，后来又东传至日本，北至通古斯及西伯利亚之海滨民族，历史期间的鞑靼民族，也浸染了这个习惯，以后西播，直到爱尔兰、摩洛哥一带。……

自光绪廿五年（1899）甲骨出土到一九五七年，整整五十八年，到底甲骨共有多少片呢？我现在还没有得到准确的统计数字。因为这几年来，骨甲续有发见，有好多资料正在整理期中，我们无从得知其详，不过照胡厚宣先生一九五一年出版的《五十年甲骨文发现的总结》一书说，大约有十六万多片（包括外国搜掠走的在内），但这个数字似乎太多，未近于事实。

三老忌日碑

从前的人，对于纪念祖先是看作一件大事的，所谓慎终追远，民德斯厚的风俗，维持了几千年。那时候的人，每逢祖先的忌辰都要设汤饼礼拜一番的。现代的人不兴这个了，父母的忌辰多已记不清楚，高曾祖与卑辈的更不在话下了，这也是一时的风俗，尽管老一辈的人在摇头，但亦无如之何。

古人看重祖先忌日，往往把忌日刻石以垂永久，为的是怕年代湮远，后世子孙忘记了。叶昌炽《语石》卷三说到道光廿六年（1846）河南许州某坟出土砖文五通，皆魏青龙二年（234）所造，记死者忌辰的。叶昌炽说：“与《三老忌日记》同意。按正定花塔寺，有唐开元十五年佛座，刻唐诸帝后忌辰。盖古人忌日刻石，本有此例。”叶氏所说的《三老忌日记》，是汉光武帝建武二十八年（52）五月所建，到今几二千年，这是忌日碑中最古的一块，幸喜此碑现在还保存在杭州孤山上的西泠印社，我想谈的就是此碑。这块石刻，有人叫《三老忌日碑》，也有人叫《三老讳字忌日记》，为了行文方便，我在这里称它为《三老忌日碑》，现在我把“三老”这个名称先说一下，然后谈到碑文。

三老是秦汉时代的官名。当时的制度，十里一亭，亭有长，十亭为乡，有三老。汉高祖得天下后，于乡三老外，又设县三老。章怀注《后汉书·明帝纪》云：“三老、孝悌、力田三者，皆乡官之名。三老高祖置，孝悌、力田高后置，所以劝导乡里，助成风化也。”可见两汉对于三老的重视，凡官三老的人，都是乡里中有名德之辈，他们可以直接上书皇帝言事的（汉朝的三老碑很多，出土者不少，但记忌日的三老碑，恐怕只有今日西泠印社这一块存在）。

此碑是清咸丰二年（1852）五月，在浙江余姚的客星山下严陵坞出土，为周姓所得。俞曲园《春在堂随笔》，载有周清泉跋云：“先君子解组后，卜居邑之客星山下严陵坞，咸丰壬子夏五月，村人入山取土得此石，共二百十七字，因卜日设祭，移置山馆，建竹亭覆之。”咸丰九年，此碑为陈谓泉所得。咸丰十一年，太平天国军队围攻杭州，由日本人出资数千元，向陈氏买得。后来浙江人士以本省的一件最古石刻流在海外，深为可惜，乃集资八千元向日人买回，遂于西泠印社筑三老亭，珍藏此碑。亭外围以铁栏，亭门又有一重铁栅，游人只能在外边远观，这是保存古物的好方法。

碑高三尺七寸，广一尺七寸五分。近人方药《校碑随笔》说：“石咸丰壬子出土，归余姚客星山下周氏，后经辛酉之乱，乱党用以作灶石，虽受薰灼，字幸依然完好。初出土拓本第四列第一行‘次子’之‘次’字，末笔未损，直线外尚有石少许，近拓泐及线内，遂连末笔。”

现在我把碑文照原来行格抄出来给读者参考。碑前半分四段，每段都有间隔；后半一段则直书三行。最上一段，四行，二十二字，文曰：

三老讳通，字小父。

庚午忌日。

祖母失讳，字宗君。

癸未忌日。

第二段六行，四十六字，文曰：

掾讳忽，字子仪。

建武十七年岁在辛

丑，四月五日辛卯忌日。

母讳捐，字谒君，

建武廿八年岁在壬

子，五月十日甲戌忌日。

第三段六行，三十八字，文曰：

伯子玄，曰大孙。

次子但，曰仲城。

次子纡，曰子渊。

次子提余，曰伯老。

次子持侯，曰仲雍。

次子盆，曰少河。

第四段五行，二十九字，文曰：

次子邯，曰子南。

次子士，曰元士。

次子富，曰少元。

子女，曰旡名。

次女反，曰君期。

左侧后半直书三行，八十二字，文曰：

三老德业赫烈，克命先己，汁稻履仁难名兮，而右九孙。日月亏代，犹元风力射，邯及所识祖讳，钦显后嗣，盖春秋义，言不及尊，翼上也。念高祖至九子未远，所讳不列。言事触忌，贵所出。严及□，敬晓末孙，□副祖德焉。

从文字看来，这块碑是三老之孙九人为其祖父小父，父亲子仪所立的。目的在记先人忌日及名字，以便后人祭祀及避讳。碑文没有说三老姓什么，据俞曲园《春在堂随笔》说：《后汉书·任诞传》，说到有个人名叫忽，字子仪者，就是董子仪。碑文第二段三老之子忽，字子仪，那么三老也许是姓董的了。但这只是推测，不能说是确定，还须再找证据的。

陆增祥的《八琼室金石补正》及罗振玉的《雪堂金石跋尾》，都有提到这个碑，罗振玉的书不可见，不知他的考证如何，陆增祥所说的，现在把全文抄出如左：

右三老讳字忌日记，在余姚客星山。三老有讳无姓，不可考矣。《补访碑录》以记中忌日皆在建武年，附建武末，今从之。"南"当即南字。文云："汁稻履仁"，以"汁"为"叶"，即"协"字，与《史晨奏铭》，《樊敏碑》同，说见《樊敏碑》跋。以"稻"为"蹈"，蹈与道可通。《荀子·礼论》道及士大夫注，道行神也。《史记》道作蹈。《列子·黄帝》向吾见子道之注，道当作蹈。《释名》，道，蹈也。道蹈也二字互训，此道蹈相通之证也。在氏襄五年，经会吴于善道，《公羊》、《谷梁》皆作“善稻”，此以稻为蹈，并借为道之证也。又《春秋说题辞》，稻太阳精，称亦蹈之道，借原注训为包裹，恐非古微，书引《春秋说题辞》，曰，稻之为言藉也。《史记·武安侯传》，人皆藉吾弟，注云：藉，蹈也。《汉书·灌夫传》集注，《后汉书·明帝纪》注并同。《匈奴传》集注云：藉犹蹈也。《廉范传》注云：藉犹蹈藉。《文帝纪》集注云：藉谓蹈藉。左氏十八年，传注，藉蹈盖履行之，疏云：藉犹蹈。又云：藉践履行之义。以稻为蹈，故可以藉释之。“仁”作“仁”，与《戚伯著碑》同。“副祖德”上，当是“冀”字。

（案：陆增祥字魁仲，号若侯，又号星农，江苏太仓人，道光三十年（1850）庚戌状元，官至湖南辰沅永靖道。精于金石之学，除上引《八琼室》外，又著有《楚词疑义释证》、《篆墨通诂》）

这是陆氏所释碑中的几个字，近人黄公渚的《两汉金石文选评注》，对此文也有注释，因为文太长，不便录出。又碑文“严及□”，黄氏认为□是焦字，细看拓本，也似焦字。前人以碑中二母只有名而没有姓，以为严、焦就是二母之姓了。

这个碑不止很有趣，而且有关中国文化甚大，从其中我们可以见出东汉的风俗和谱系，不仅是欣赏它的书法优美也。

此文写后三月，我觉得很奇怪，七十年前浙江那位学者李慈铭先生，为什么没有在他的日记中提及此碑呢？此碑出土于咸丰初年，李先生正在故乡，他对于家乡文物很是留心，而且又有考古之癖，这样一个石刻出土，他一些儿都不留意及之，未免使我失望。我翻他的《越缦堂日记补》咸丰八年（1858），一无所得，后来偶读他的《越缦堂日记》里的《受礼庐日记》（他的日记总名《越缦堂》）上集，同治五年（1866）十二月十八日，有记这个石刻，考释甚精，现摘录于此以备读者参考。

三老碑于咸丰壬子新出余姚客星山中，今藏县人周氏家。……第一隔云：三老讳通，字小（疑），庚午忌日。祖母失讳，字宗君，癸未忌日。第二隔云：掾讳忽，字子仪，建武十七年岁在辛丑四月五日辛卯（案：后汉书光武纪，建武十七年二月乙亥晦，据此推之，则四月五日非辛卯。如三月是大尽，则此日当是庚戌，十六日始值辛卯）……自来以建武纪元者，晋元帝仅二年，齐明帝仅五年，后赵石虎至十四年，然于越无涉（西燕慕容忠，后魏元朗，皆仅数月，皆于越无涉，更不必论）。惟汉光武至三十二年，其十七、廿八两年正值辛丑、壬子。其曰三老者，汉时乡各有三老，见于前后书者不一。曰掾者，汉晋自公府至令长，其曹佐皆曰掾，此单言掾，则非公卿州郡可知，盖县掾也。礼云：内讳不出门，西汉及六朝史家间书妇人之名，然不悉出，惟范氏《后汉书》，则皇后纪皆书后讳，其余妇人，亦多书名。献帝伏皇后纪，载废后诏云：皇后寿云云，可知当时诏策皆书妇人之名，故此碑于妇人皆记讳字，其两女亦有名，是为东汉之制无疑。其字法由篆入隶，古拙可爱，所记诸子有名提余，字伯志，名持侯，字仲雁者，亦可证当时民间固已多用二名。据称其母之忌日在建武廿八年（52），则此石当是中元（光武帝年号，公元五十六至五十七年，——引注），永平（明帝年号，公元五十八年至七十五年——引注）间所立。浙中石刻，向以嘉庆间会稽跳山新出建初元年大吉买山题记为最古，建初为汉章帝年号（成李特，后秦姚苌，西凉武昭王，皆号建初，皆于越无涉），此石盖更在其前，其出土乃更后。碑额已断，无由考其姓氏，其文字体制，非表非志，疑是碑阴所题，故称之曰“三老碑”（汉无贵贱碑碣之分），为两浙第一石尔。

王羲之的兰亭帖

古今的书法大家，没有一人的名头大过王羲之的了。他生活在一千多年以前，直到现在人们提到他的大名，都知道他写的字最好。

羲之是晋朝人，字逸少，生于元帝太兴四年（321），死于太元四年（379），年五十九岁。他在晋朝的官做到右将军会稽内史。他写的字，可以说是前无古人，后无来者（后无来者这句话也许今日说不会太过火，因为近三四十年，研究书法的人少得可怜了）。他写的篆、隶、真、行、草等各种书法，无一不可以为后世树立了楷模。可惜他遗传下来的是只有真、行、草三种而已。美术史还说他会写画，但我们可没见过。他学写字的经过，向来都传说是跟卫夫人（夫人名铄，字茂猗，汝阴太守李矩之妻。工隶书，得笔法于钟繇。据说王逸少早年就曾跟过她学写字的）。但卫夫人传世的字多不可靠，她的笔法如何，我们从无知晓。写好字要有几个条件，第一要有点天才，第二要有名师指导，第三要勤于学习。有了这三个起码条件，还得神而明之才能出神入化，为一代的大师。王羲之就是具有这种种条件的，相传他写字写到着魔，夜里睡在床上也用手指头在他的太太腿上乱学写字。他的门外有一小池，他每天写字后在池中洗砚，池水为之尽黑。他这样的肯用苦工，当然大有成就的了。

王羲之传世的作品中，最著名的是《兰亭序》（行书），《乐毅论》（楷书），《十七帖》（草书），这都是刻在石上，后人用墨拓了来对着临写的。至于他留下来的真迹，也有好几种，但没有一种说的上是可靠的，最多是达到唐人临摹的程度而已。他的真迹中最著名的一种是《快雪时晴帖》，此帖后来流入清宫，乾隆帝特地筑三希堂来珍藏它，后来又把它摹了刻在石上，把石放在北海（即今日的北海公园，石尚存）。这个帖是王羲之写给朋友的一封信，开头有“快雪时晴”四字，所以就叫作《快雪时晴帖》。二十年前我在故宫博物院见过此帖的，纸黄色，略带黑，墨透纸背，非千年以上物不能如是。册前绘有乾隆御像，他题的文字多到了不得，古人题的也很多（此帖故宫博物院曾影印发卖）。

《兰亭序》的名头比《快雪时晴帖》更大，提起它是无人不知的。逸少在晋穆帝永和九年（353）癸丑，三月三日，集一班过江名士在山阴（今日之绍兴县）为修禊之举。右军制序文后，大概是喝了好些酒，高兴起来，就拿起鼠须笔，把序文写在蚕茧纸上。写成后，字体遒媚劲健，绝代所无，他写时好像有神人相助，下笔如飞，得心应手。到后来他再写十几张，总没有一张比得上先前写的，所以右军非常珍视这一张，留给子孙，永为传家之宝。他写的《兰亭序》凡二十八行，三百二十四字，字有重者，则构别体，就中“之”字共有二十多个，没有一个的写法相同的。千余年来，历代的大书法家都一致推为古今行书之祖，那班著名的书法家，没有一个不学王羲之的字的，就是不直接学他，也间接受他的影响，一直到今日人们学写字都不能走出他的范围的。

《兰亭序》真迹后来为唐太宗李世民所有，这个雄才大略，文采风流的君主，一生最爱王右军的字，他得到了后，就命近臣摹了好多本，赐给太子和王公大臣。于是摹本的《兰亭序》就辗转流传人间了。那本真迹一直在太宗手上，到他临死时，吩咐太子，要把它放在昭陵殉葬。从此《兰亭序》真迹就不在人间了。后来昭陵被掘，据说《兰亭序》又再出现人世，是否属实，因为到现在还未能有材料可以说明，但我对于昭陵殉葬这件事，不大敢相信。

今日传世的《兰亭序》石刻有好多种，名目多至不可胜计，有肥本、瘦本、落水本、玉枕本、定武本等名称。虽然有这许多名目，但最能逼真的一个，一向就认定是定武本最好，即传世的《定武兰亭》。相传此本是唐朝的书法大家欧阳询所摹的（案：兰亭帖自唐后分为二派，一出褚遂良之手，曰唐临本；出欧阳询手者为定武本）。为什么叫做定武本呢？原来五代时，耶律德光辇兰亭石刻，走到定州的杀狐林，忽然身死，石遂弃道中。到宋仁宗庆历年间，为李学究所得，那时候宋祁守定武，就把石购归官库，故名定武帖。

现在北京故宫博物院藏有一个宋拓的定武本兰亭，卷中有宋徽宗政和元年（1111）王黼的题字。到元朝，为蒙古人大书法家康里猛猛所得。此外还有鲜子枢，赵孟頫、虞集等名人题记。到清朝为毕沅所得，后来毕氏被抄家，它就流入内府，一直保存到如今。现在把康里猛猛的跋语录下，以为读者参考。

定武兰亭此本尤为精绝，而加御宝，如五云晴日辉暎于蓬瀛。臣以董元画于九思处易得之，何啻获和璧随珠，当永宝藏之。礼部尚书监群玉内司事臣猛猛谨记。

苏东坡《寒食诗帖》真迹

苏东坡《寒食诗帖》从前在上海艺苑真赏社有影印本，在我所喜欢的苏书中，以此卷及故宫所藏《前赤壁赋》为最。此卷原来也是清宫收藏的，圆明园一役，才流到外边。苏东坡写此帖，约距今九百年前，一向藏在国人手中，近三十年前，曾被日本人以重金收购，近年又回到国人怀抱，可谓沧桑历尽矣。

此卷是纸本，苏东坡写自己的《寒食诗》二首，字作行草，笔势如天马行空，矫健活泼，跌宕非常，平生所见苏书，当以此为第一，《赤壁赋》犹其次也。所写的诗句是这样的：

自我来黄州，已过三寒食。年年欲惜春，春去不容惜。今年又苦雨，两月秋萧瑟。卧闻海棠花，泥污燕支雪。闇中偷负去，夜半真有力。何殊病少年，病起头已白。春江欲入户，雨势来不已。小屋如渔舟，濛濛水云里。空庖煮寒菜，破灶烧湿苇。那知是寒食，但见乌衔纸。君门深九重，坟墓在万里。也拟哭涂穷，死灰吹不起。

右黄州《寒食诗》二首。

前几年，张大千托人在日本以美金三千元要买此卷，价钱讲妥后，张大千亲自去日本交易。但在抵日前两天，被王世杰知道此事，向日人多出美金二百元买去了。自此之后，此卷复为国人所得，这是一快事。但我恐怕王世杰买到手后，如果拿去卖给美国猎取更高利润，那就可惜了。

现在我且把此帖的流传历史说一下，我先把友人颜韵伯（广东连平人，久居北京，以鉴藏名于时，能作宋画）的跋语抄出来：

东坡寒食帖，山谷跋尾，历元明清，叠经著录，咸推为苏书第一。乾隆间归内府，曾刻入三希堂帖。咸丰庚申之变，圆明园焚，此卷劫余流落人间，帖有烧痕，即其时也。嗣为吾乡冯展云（案：展云为冯誉骥之字，高要人，光绪间官至巡抚）所得，冯殁，复归郁华阁。展云伯义，密藏不以示人，亦无钤印跋尾。意园云逝十年，始由朴孙完颜都护购得。越六年，是为戊午，乃由朴孙转入寒木堂，此数十年来未经著录展转递藏之大概也。余恐后来无由知其源委，用特识于卷尾。若夫书之精妙，前人评定第一，余复何言。戊午东坡生日，瓢叟颜乙记。（案：伯羲为清宗室盛煜之字，斋名郁华阁。意园是盛伯羲之园名，戊午为一九一八年。寒木堂乃韵伯的斋名。）

盛伯羲所藏的书画金石，久已有名。他所自定的《三友》为宋本《礼记》，刁光胤《牡丹图》，及《寒食帖》。伯羲死后，他的养子善宝以《三友》卖给景朴孙。出卖时的契约是这样写的：“善宝今将先人所藏宋版《礼记》四十本，黄苏合璧《寒食帖》

一卷，元人字册一十页，刁光胤《牡丹图》一轴及《礼堂图》一轴，情愿卖与景朴孙先生，价洋一万二千元正。绝无反悔，日后倘有亲友欲收回各件，必须倍价方能认可。恐口无凭，立此为据。善宝押。旧历壬子年（1912）五月二十日。”

景朴孙于一九一八年把它卖给颜韵伯，韵伯又于一九二二年把它卖给日本人菊池惺堂。内藤虎于甲子年（1924）有跋云：（内藤精通中文，跋语颇可一读）

苏东坡黄州寒食诗卷，引首乾隆帝行书“雪堂余韵”四字，用仿澄心堂纸，致佳者。……阮芸台《石渠随笔》云：苏轼黄州寒食诗墨迹，卷后有黄鲁直跋为世鸿宝……又有天历之宝及孙退谷、纳兰容若诸人印记，可以见乾隆以前，历世迭更珍袭之概。乾隆以后，授受则详于颜韵伯跋中矣。韵伯为颜筱夏方伯子，家世贵盛，大正壬戌（1922）来游江户时，携此卷，遂以重价归菊池君惺堂。癸亥（1923）九月，关东地震，都下毁于火者十六七……先世以来收储，荡然一空。惺堂躬犯万死，取此卷及李龙眠《潇湘卷》，而免于灾，一时传为佳话。此卷昔脱圆明之灾，今复免旷古未有之震火，虽云有灵物诃护，抑亦惺堂宝爱之力矣。及惺堂命以跋语，为书其事于纸尾……甲子（1924）四月，内藤虎书。

复题云：

余于丁巳（1917）冬，尝观此卷于燕京书画展览会，时为完颜朴孙所藏。震灾以后，惺堂寄收余斋中半岁余，听夕把玩，益欢观止。乃磨乾隆御墨，用心太平室纯狼毫作此跋，愧不能若东坡此卷用鸡毫弱翰而挥洒自如耳。虎又书。

张之洞很爱此卷，但没有钱，买不起，甚至连题字都没有。为什么会这样呢，罗振玉一跋说得很详细，节录如左：

先师张文襄公，嗜东坡书，光绪壬寅（1902），公建节武昌，客有持此卷请谒，公赏玩不置，谓平生所见苏书，以此卷及内府藏《楷木诗》为第一。客喜甚，言将奉献，并微露请求意。公曰："时已仲春，貂裘适以付质库，若以价相让，当留之；否则不敢受也。"客大失望，因求公题识。时方向夕，公乃张宴，邀端忠慜（案：端方也）、梁文忠（鼎芬也）、马季立（案：贞榆之字，顺德人）与余同赏之。且语众曰："如此剧迹，不可不一见，明日物主人将北归矣。"时物主方在座，喻公意，乃亟请曰："若许加题，当迟行程一二日。"公曰："山谷老人谓此书兼鲁公、少师、李西台之长，某意则得法于北海与鲁公。然前人所言，乌可与立异？矧文节为东坡老友，某安敢窃议其后？"卒不允。主人因请座中诸人，亦无敢下笔者。客乃惘惘挟此卷北归，故今卷中无公一字。文襄事功，昭昭在人耳目，而持躬严正，不可干以私，即此一事，已见一斑。……甲子仲夏，上虞罗振玉书于津沽寓居聱砚斋。

这个对张之洞有所干求的客人不知是谁，我们读此题记，可见之洞居官清正，包苴不进，就是文玩之物，也不轻易投其所好。他察出物主有企图，甚至就是题几个字都不肯，还弄狡狯说了一篇似是而非的话以杜绝之，亦可见此君之风趣。当时幕府中人，无一敢下笔题字，但十一年后，那次在座同观此卷的梁文忠，则为此卷题签。因为梁鼎芬事之洞唯谨，之洞所喜者喜之，所恶者恶之，所以不敢题一字。到一九一三年，之洞死已三年多了，他的题字是这样的：“宋苏文忠《寒食诗帖》真迹，张文襄称为海内第一，意园物，献盦藏（献盦，景朴孙字），宣统癸丑（1913）二月，梁鼎芬题记。”此签题得很有趣，具见遗老面目。

卷中收藏印章，可记者有宋朝的“懿文堂图书”印一，“埋轮之后”印一；元朝有“天历之宝”；明朝有“典理纪查司印”；清朝内府各印，“容若书画”、“北平孙氏”等印。入民国则有“寒木堂”、“完颜景贤，字亨父，号朴孙，一字任斋，别号小如盦印”等十余方，其他不具录。

宋高宗的字

宋高宗的书法，在帝王中可入上驷之选。刘克庄评他的书法为“天下之神笔”（见《后村全集》），王应麟说高宗学钟（繇）王（羲之）能出入其间，自成一家。他们虽然都是宋臣，但并不过谀。高宗的字圆润秀逸，出入钟王，方驾米（元章）蔡（京），他仿黄山谷的字极得其神，可知他致力于此之深。

高宗所作的《翰墨志》一卷，批评古今书法家都有独见之处，他自言服膺王右军云：

余每得右军，或数行，或数字，手之不置，初若食蜜，喉间稍甘，少甘则已，末则如食橄榄，真味久愈在也，故尤不忘于心。余顷自束发，即喜揽笔作字，虽屡易典刑（型），而心所嗜者固有在矣。凡五十年间，非大利害相妨，未始一日舍笔墨。

从上可见他用功之勤和爱好王右军之深了。世人只知宋徽宗会写瘦金书，如果讲到他们父子（高宗为徽宗第九子）书法的成就，徽宗是不及高宗的。故宫博物院藏有高宗赐岳飞手札数通

（似已全部被运往台湾），其中有一通刻入《三希堂帖》内，计二百四十字。三希堂帖共收高宗法书三通，除赐岳飞手札外，还有《嵇康养生论》（真草）和《地黄饲老马诗》（行书）。另一著名的赐岳飞手札（无年月），这一札，二十年前在故宫博物院见过的，因为喜欢它写得好，曾把全文录下，以作参考。文云：

卿盛秋之际，提兵按边，风霜已寒，征驭良苦，如是别有事宜可密奏来。朝廷以淮西军叛之后，每加过虑，长江上游一带，缓急之际，全藉卿军照管，可更戒饬所留军马，训练整齐，常若寇至。蕲阳江州两处水军，亦宜遣散，以防意外。如卿体国，岂待多言（左另起一行云："付岳飞"，再左下偏为高宗御押）。

宋高宗写得一手好字，所以后人很珍视他的书法，他亲手写赐大臣的敕书，从前广东伍氏听驮楼就藏有三通，都是赐梁汝嘉的（汝嘉字仲谟，处州丽水人）。其中二通高宗于文末加花押，绍兴十三年（1143）四月十二日一敕，则盖"御书之宝"一玺。这一敕的字写得很好，可说是高宗的一杰作。关于梁汝嘉官历，《宋史》三百九十四本传说他以临安府知府权户部尚书，后来以宝文阁直学士提举太平观，未几升学士，知明州，知浙西沿海制置使，更温宣鼎三郡，并未说他做到同平章事，但绍兴十三年四月敕书，他已做同平章事，是否《宋史》有误，这一问题尚待研究。

高宗书法的巨制，临安府所刻的石经也是其中之一。他在杭州时，曾写六经，《论语》、《孟子》，秦桧为之刻石，立于大学，现在杭州还有残存之石。朱竹垞跋此石经，说它虽非足本，但书法正工，今观拓本，果然名不虚传，字体作钟王，甚有晋人法度。石刻于绍兴十三年（1143）秦桧有跋文，谓“臣因得请刊石于国子监，颁其本遍赐泮宫”（临安的国子监乃毁岳飞宅而建者，时飞被杀已二年矣）。

友人沈君，精研书法，他见我在报上论宋高宗书，来信云：“足下论宋思陵（高宗葬思陵）书，正合管见。思陵书法，直欲笼罩南宋，鸥波（赵子昂）其出蓝者。”此评语下得甚确。高宗既欢喜写字，不免时时以御笔分赐臣下，刘克庄说他喜以写就的扇面赐群臣，于是“光尧扇面满天下”了，可见他赐给之多。有一件事值得一提的是，高宗喜欢写字，他的妻妾也受他影响，爱好临池。皇后吴氏，《宋史》说她“博习书史，又善翰墨”，有贤后之称。是时大将韩蕲王世忠，在戎马中见硬黄本兰亭序真迹，就花了很大价钱买了，立派专人送到临安献给高宗，以为得到王右军真迹了，怎知这是吴皇后的临本。吴皇后书法造诣之深，也可惊人（事见刘克庄跋兰亭文。案：吴后印章曰“贤志堂”，又曰“贤志主人”，见明人丰道生《真赏斋赋》，可见她的风致）。

三希堂法帖

《三希堂法帖》，在艺术界中是很著名的，旧时的读书人，凡稍有能力的都购置一部，或拓本，或石印，或影印，看情形而定。这部法帖的全名叫做《御刻三希堂石渠宝笈法帖》，现在为了行文简便，我只叫它做《三希堂帖》。

这部法帖的历史，讲来是颇为有趣的。我们看它的"御刻"两字，就知道它是皇帝所刻的一种帖了。原来清朝的乾隆皇帝最喜欢书画，宫里藏有晋朝王羲之的《快雪时晴帖》墨迹，后来又得到王右军之子王献之的《中秋帖》和王珣的《伯远帖》（珣字元琳，王导之孙，王洽之子，王右军是他的伯父，与献之为从兄弟），就在养心殿西间辟一小室，收藏晋人这三件墨迹。他说这三件法书都是稀世之宝，因此就把这间小室命名为三希堂。三希堂的历史是这样的。

后来，乾隆帝效法古代帝王刻法帖的故事，把内府所藏的古人真迹，由曹魏的钟繇起，到明朝的董其昌止，钩勒上石，刻为法帖。这就是三希堂帖的来历。乾隆帝刻帖的动机，见于他的谕旨中，今抄录如左：

书为游艺之一，前代名迹流传，令人兴怀珍慕，是以好古者恒钩杭镌刻，以垂诸奕禩，宋《淳化阁帖》其最著矣。厥后大观、淳熙皆有续刻，其他名家摹本，至不可觊数。我朝秘府，初不以广购博收为尚，而法书真迹，积久颇富，朕曾命儒臣详慎审定，编为《石渠宝笈》一书。因思文人学士，得佳迹数种，即钩摹入石，矜为珍玩，今取群玉之秘，寿之贞珉，足为墨宝大观，以公天下。著梁诗正、汪由敦、蒋溥覆加校勘，择其尤者编次杭勒，以昭书学之渊源，以示临池之模范。特谕！乾隆十二年（1747）腊月，御笔。

这一谕旨刻在《三希堂帖》之首。石刻成后，存放在西苑北海，到今日还保存得很好。乾隆帝说刻《三希堂帖》是“以公天下”，事实上不尽然，试想原石放在宫禁，并非如石经置于通都大邑，任人摩挲，一般人是无法走到西苑去墨拓的。碰到皇帝高兴时，就拓了赐给臣工，所以流传的拓本不多，倒是翻版的不少。经过百多年后，石刻未免有些破损，所以乾隆年间的拓本，与民国初年的拓本，又大不相同了。自从清末有石印之法，《三希堂帖》就有蜚英书馆的石印本，过后珂罗版盛行，《三希堂帖》也有根据初拓本影印的，与原拓不差分毫，到此时才真的“以公天下”，爱好书法的人，都可以用廉价购置一部了。

清官所拓的《三希堂帖》，拓工极精，装潢尤见美丽，每册的册面是用紫檀做夹，共分三种。最好的一种，紫檀中间所刻三希堂数字，刻后嵌以绿玉，外面一框则镶真金；次等的帖名嵌云母壳框镶铜；再次的只是刻字，涂以石绿、石青之属。这些御府装裱的《三希堂帖》，现在已经很少了，如果有，每册的时价可以卖到一千元左右的。

《三希堂帖》一共三十二册，后又加《三希堂续帖》四册，共三十六册。所以历代名书法家的作品和后人的题跋，共数百件，为帖学上一大观。现在我先把“三希”说一说，再把其他著名的剧迹分别介绍一下。

《三希堂帖》第一册第一个书法家的字，是曹魏钟繇的《荐季直表》。次于钟繇的就是王右军的《快雪时晴帖》。这是“一希”，帖共行书四行，写在白麻纸上的。宋朝之时，曾归大书画家米南宫所有。米南宫的跋说，此帖是唐太宗赐给魏徵的，后来又归大书法家褚遂良（米氏此跋今已不存，所以帖中无此一段跋语）。到明朝，此帖一度为王稺登所得，筑快雪亭藏之，后又归冯开之，开之在西湖孤山下筑快雪堂来宝藏它，他的文集六十四卷也叫做《快雪堂集》。后来帖归涿州冯铨，堂名也跟着北上直隶了。再后此帖为汪由敦所得，进献给乾隆帝。冯铨生时，曾摹刻入石，死后子孙析产，石分而为二，后来入了长生库。易州知州黄可润买了这个石刻，带回福建故乡。乾隆四十四年（1779）杨朴园督闽，向黄氏后人收买此石刻，进入内府。乾隆间，日侍内廷的沈初，著有《西清笔记》，他说：

右军《快雪时晴帖》真迹，纸黄微黝，坚致润泽，墨色深透，自是千百年以上物。上（指乾隆帝）每遇冬时，必取展玩，题识数语，蝇头密行，已满一册。前绘御容，为宝笈中弁冕。

二十年前，故宫博物院已经将此帖影印发卖，册首就有乾隆帝的画像。因为王羲之写给人的信，开头有“快雪时晴”四字，所以后人就名之为《快雪时晴帖》，《中秋帖》、《伯远帖》之取名也如此。

此帖的题跋，除乾隆帝外，有赵孟頫、刘承禧、王穉登、汪道会、文震亨等人。乾隆帝跋云：

王右军《快雪时晴帖》，为千古妙迹，收入大内养心殿有年矣，余几暇临仿，不止数十百过，而爱玩未已，因合子敬“中秋”，元琳“伯远”二帖，贮之温室中，颜曰“三希堂”，以志希世神物，非寻常什袭可竝云。丙寅（1746）春二月上澣，御笔又识。

王献之的《中秋帖》行书四行，共廿二字，字不全。董其昌跋语有：“前有‘十二月割’等语，今失之。又‘庆等大军’以下皆阙，余以阁帖补之，为千古快事（此帖在第二册）。”为什么《中秋帖》缺少这许多字呢？据董其昌跋语所说，米南宫曾说过，人们见到王献之的字，往往割取一二字，卖给收藏家，因此古帖被人割得七零八落，文字简直不能读了。

王珣《伯远帖》行书六行，但真迹则五行。真迹于乾隆十一年（1746）已入内府。明末清初的收藏人是谁，到现在还没有法子弄清楚。跋题者有董其昌、王肯堂。乾隆帝有二跋，后一跋云：

乾隆丙寅（1746）春月获王珣此帖，遂与“快雪”、“中秋”二迹，并藏养心殿温室中，颜曰“三希堂”。

三希堂的历史我们说清楚了。溥仪被逐出宫时，“中秋”“伯远”二帖真迹，已流出市面，展转为郭葆昌所得（郭氏似系四川人，从前跟着顾鳌，精研古董，所藏书画瓷器极富）。郭氏久任故宫博物院古物馆专门委员。他手上藏有“二希”，总是想送还故宫博物院。据故宫博物院的老职员那志良近著《故宫博物院三十年之经过》一书（一九五七年一月台北出版，那君自一九二五年一月，即在该院工作）所说的一段，可供参考。他说：

郭先生早已决定把他的收藏，尽数捐赠给故宫博物院，立了遗嘱，叫他的公子照办。民国二十六年（1937），并把这个决定，亲自告诉故宫博物院院长马衡（案：已于前年逝世），古物馆馆长徐鸿宝（今为上海文物管理委员会主任），及古物馆科长庄尚严三先生。郭先生故去，他的公子遵照遗嘱，把所藏瓷器的大部分捐献出来……至于二希的下落，据传说，他曾送给某巨公，后来某巨公又还给他，是否如此，固下可知，而《三希堂帖》，不能得延津之合，是很可惜的事。

那先生所说郭葆昌以二希(《中秋贴》、《伯远帖》）送给“某巨公”云云，这个“巨公”是当日红极一时，手握财政，金融、实业的一个大政客。郭氏送给他，大概是对他有所求。那君说某巨公又以二希还他，此说不十分可靠。照我所知，“某巨公”临去国之前，运用他的手腕，把二希抵押给一家外商银行，得二十万金。看看快要到期了，北京才派人来接洽，以三十万金赎出来。现在二希已回到故宫博物院的老家了。至“快雪时晴”一希，则远在一九三三年古物南运时到了上海，后来入西川，胜利后到了南京，不久又流到台湾，它离开老家整整廿四年了。

以上是三希堂帖中“三希”的一个小小的沧桑史，叙述完了后，就可以谈谈三希堂其他几个著名的剧迹了。

第一册第一家的字是钟繇的《荐季直表》。这个真迹，历代的鉴藏大家都认为是唐宋人的钩本。卞永誉《式古堂书画汇考》，载《文嘉严氏书画记》，钟繇《荐季直表》小注云："初藏吴中张氏，后归石田先生（沈周，明代大画家）家，复在王元美处。吴匏庵定为真迹，然非元常（钟繇之字）笔也。"吴升《大观录》说此表白麻纸，带牙色，质坚厚，他认为是唐时高手所摹。戏鱼堂、真赏斋、大玉烟堂、郁冈斋、西麓堂、秀餐轩、有美堂各帖，都刻有此表。此表真迹已失，明代的鉴赏家詹景凤论定此表是后人赝写的。此论极精确。

《快雪时晴帖》后，是王右军写的《千字文》行书。接着就是右军的《行穰帖》，帖只两行，草书十五字。董其昌审定谓是右军真迹。此二帖皆为唐人所模之最精者，尤其是《行穰帖》，"书法精采异常"（汪珂玉《珊瑚网》语）。此帖为黄麻纸本，现藏香港合肥李氏。（三希堂的墨迹，有很不少流出市面，如王右军的《此事帖》，就为北京书法家张伯英所藏。"三希"中，《快雪时晴帖》、《中秋帖》，都是出于唐宋人所摹，"伯远"一帖的是真本。）

第二册王右军的《袁生帖》，也是唐人所摹的精品，摹勒上石的技术也极精，有文徵明一跋，乾隆帝二跋。后者一跋云：

右军《袁生帖》，三行，二十五字，见于宣和书谱，今展之，古韵穆然，神采奕奕，宣和诸玺，朱色犹新，信其为宋内府旧藏。乾隆丙寅（1746）与韩干《照夜白》等图，同时购得，而以此帖为冠。向集《石渠宝笈》，以右军《快雪时晴》为墨池领袖，复藏此卷，遂成二难。长至后一日，三希堂御题（案：《照夜白》

已于二十年前由溥心畬卖给英国波斯富爵士了）。

清高宗对于此帖的重视，可见一斑。此帖的摹手，远比《快雪时晴帖》为高。

《三希堂帖》所收晋人的字，只有右军父子和王珣三人，共十六种。梁、隋人各一种，唐朝人有欧阳询、褚遂良、颜真卿等人。

第三册有颜真卿自书告身（所谓“告身”，是当日朝廷授官职给人的一种凭证，颇像今日的委任状）。这是颜鲁公任吏部尚书时的告身，另有任刑部尚书告身，《三希堂帖》不载。此卷真迹共楷书六十二行，黄麻纸，向为宋高宗内府所藏。入清内府后，不知几时归恭王府所有。辛亥革命后，小恭王溥伟逃青岛搞复辟，这个卷子和陆机《平复帖》，韩干《照夜白》，就留在北京给他的弟弟溥儒（字心畬，今在台湾），这三件书画连同怀素草书《苦笋帖》，都是他经手卖出的。

苏东坡书《黄州寒食诗》二首，载在第十一册。墨迹不知何时流出外间，为盛昱（清宗室，字伯羲）所得，民国元年(1912)，伯羲之子卖给景朴孙，后来又展转卖到日本，近年为王世杰在日本买得，今存台湾。这是苏东坡书法中一剧迹，详见本书另一专文。

三希堂所载帝王法书，只有梁武帝《异趣帖》一卷，宋太宗《敕蔡行》、《千字文》、《洛神赋》三卷，宋高宗《付岳飞手敕》、《嵇康养生论》、《地黄饲老马诗》三卷，宋孝宗《赐曾觌》一卷。

《三希堂续帖》四册，起自唐褚遂良，至于明文徵明止。第二册中，载有唐杜牧书《张好好诗》，行书五十二行，笔法极有晋人规范，为天地间一环宝。墨迹久已流在外间，为张伯驹先生所得，一九五六年一月，张先生将此卷及《平复帖》等法书名画捐献给政府，现存故宫博物院。

《三希堂帖》及续帖的编辑、刻石经过，蒋溥等人有跋，现在录出，以供参考。

乾隆岁次庚午（1750），上以内府所藏晋唐以来诸墨迹，亲加甄录，命臣等排比次第，钩摹勒石，为三希堂帖，建阅古楼储之。越五载，复构墨妙轩于万寿山之惠山园，再出前人书，自唐褚遂良以下若干人，汇行草各体，刻石于两壁间，凡犂为四册，合之三希堂，于是灿然大备矣。乾隆廿年三月，臣蒋溥等跋（案：三希堂帖镌刻者：宋璋、扣佳、二格、焦林，凡四人，续帖镌刻者只焦国泰一人）。

今人林宰平（志钧，福建人，以诗名，精究帖学）先生，跋《三希堂续帖》有云：

右帖四册，原题《墨妙轩法帖》，石在万寿山，与三希堂前帖之在北海者，原非一处，故后来传拓，多属前帖。至于《续帖》，则不独拓本少见（石已不存），而知其名者，盖寥寥矣。坊间石印本，有所谓《三希堂续帖》者二种，共一四册，又一五册。四册本即《墨妙轩帖》，五册本之末一册，乃起自王羲之，中间褚、赵又入选，而南北宋却无一人。卷末无上石年月及题识，不知所据何本，俟考。

关于三希堂帖拓本的时期鉴别，据书法家谭泽闿说，可分三个时期：（一）乾隆朝，碑刻完成，尚未装墙，每片四周没有龙迹；（二）嘉庆朝，上墙加饰龙迹，后人欲诩最初拓本，多将龙迹裁去；（三）洪宪后的断碎拓本。

洪宪断碎拓本，是第三十二册董其昌书大字后等处被碎断。为什么三希堂石刻会断碎呢？说起来颇为有趣的。袁世凯死后，黎元洪继为总统，接收新华宫，洒扫宫事，派副官唐中寅任之。袁世凯殡仪前行，袁家即捆载物件，络绎运出。小工一队扛三希堂石刻多块，向新华门首途。中寅阻止之，遂与袁克良（世凯第三子）发生冲突，克良大怒，亲掷一碑，断为二，再踣一碑，碎为四，扬长而去。中寅才鸠集碑工，重装于原有的碑龛。事见刘成禺《洪宪记事诗本事簿注》。

唐宋人画的《萧翼赚兰亭图》

王羲之的《兰亭序》是人所共知的，兰亭拓本，在我国法书，金石中一向著名。王右军写此序后，它的真迹到唐初，为唐太宗李世民所得。据传兰亭墨迹之归唐太宗，是太宗派人向辩才和尚骗到手的。这件事的经过很像小说，非常有趣，后来的画家便根据这件艺苑佳话，写成《萧翼赚兰亭图》，唐宋两代的大画家用这个题材写过不少杰作。我现在先把赚兰亭的故事说一下，然后再谈唐宋画家的作品。

唐太宗派人赚取兰亭的故事，传世之说有二，一是宋人钱易（字希白，真宗时人）的《南部新书》，说是唐太宗派书法大家欧阳询去辩才和尚处赚取的（刘悚也这样说），时间是唐高祖武德四年（621）。另一说是唐明皇时人何延之的《兰亭始末记》，说是太宗派监察御史萧翼去赚辩才的。照我看来，以何延之的一说比较可信，他的叙述与史实相近，而且又是唐朝人，后他百年的张彦远（唐僖宗乾符年间官至大理寺卿）在他的《法书要录》卷三，就载有何延之这篇文字。这两人都是唐人，而张彦远对于书画都很有研究，见闻极广，他所引的必不至十分远离事实。

我现在把何延之的原文，译作语体，使读者易于欣赏。

辩才和尚俗姓袁，是梁朝司空袁昂的玄孙，博学工文，琴棋书画，皆臻其妙。辩才的师傅智永禅师是王右军的七代孙子，临终时，以兰亭真迹传给辩才。辩才珍视此迹比他的师傅更甚，他恐怕失落了，特在自己房间的梁上，凿一个洞来收藏兰亭。唐太宗生平最喜欢王右军的字，他收藏右军的真迹很多，单单没有兰亭，这是一件憾事。后来他知道兰亭藏在辩才处，就下圣旨宣他入宫做佛事，款待得很好。过了几天后，太宗就跟他谈及兰亭，大概露出要向他收买之意。但和尚一口说从前确在他的师傅处见过，自师死后，迭逢丧乱，兰亭不知落在何方了。太宗无奈，只得放他还山。再后太宗又访出兰亭确在辩才手上，又再召他入宫，如是者三次，和尚仍矢口否认。太宗对左右发牢骚，自怨贵为天子，最爱的东西都不能到手，只有在梦中梦见兰亭，真可恼人！但这个和尚年纪老了，得兰亭何用，如果能找个足智多谋之士，把他赚来就好了。房玄龄就介绍监察御史萧翼，说此人“负才艺，多权谋”，派他去一定成功。太宗召见萧翼，萧翼说：“如果大模大样的去，必不能成功的。我想微服私行，还请陛下给我带去内府二王法帖数通，以便行事。”太宗准奏。于是萧翼就扮作书生到了会稽，日暮时入寺，假作欣赏壁画。辩才远远望见有个书生，人颇不俗，便上前施礼，问檀越何方人氏。萧翼连忙还礼，说是从北方来的，到会稽卖蚕种，顺便到各寺宇参观。他们谈得很投机，和尚就请他入房内围棋论文，意甚相得。辩才说：

“我们虽然是新相识，但情如故人，以后不必拘形迹了。”和尚便留他在寺中住宿，喝杯新酿成的水酒。酣乐之后，宾主限韵赋诗，以志一时韵事。辩才拈得“来”字韵，赋诗云：“初酝一瓮开，新知万里来。披云同落寞，步月共徘徊。夜久孤琴思；风长旅雁哀。非君有秘术，谁照不燃灰。”萧翼拈得“招”字，诗云：“邂逅款良宵，殷勤荷胜招。弥天俄若旧，初地岂成遥？酒蚁倾还泛，心猿躁自调。谁怜失群翼，长若叶空飘。”这一晚，他们顿成知已，通宵尽欢。第二天早晨，客人辞去，和尚坚嘱他再来。以后，萧翼就时时带了酒去和他畅饮，双方感情日好，如是者又过了十余日。一日，萧翼拿出梁武帝所画的一卷《职贡图》给辩才看，和尚称赞不已，因此谈到书法。萧翼乘机说：“弟子自小就喜欢二王的楷书，时时对着临写，现在也带在身边。”和尚很高兴，请他明日带来一看。第二天，萧翼带来了，和尚看后就说：“这虽然是真迹，但还不算是精品，贫僧藏有一帖，那才是二王中的绝品呢。”萧问是什么帖，他说：“兰亭。”萧翼佯笑道：“几经丧乱之后，还有兰亭吗？恐怕是摹本吧！”辩才道：“那是千真万确的，吾师临死时珍珍重重亲手交给我保存，那有假的，你明天来，我可以给你一看。到时你就知分晓了。”第二天萧翼到了，和尚亲自在屋梁内拿出兰亭。萧翼见了，故意指摘是摹本，于是两人略有争辩。从此之后，和尚就不再拿上去，和向萧翼借来的二王帖放在一起，得暇时就在窗下临写，那时候辩才已经八十多岁了，还好学如此。萧翼和辩才成了好朋友，寺中大小和尚也和他厮混熟了。一天，辩才到施主家中赴斋，萧翼就趁这机会到了禅房，对童子说他遗下了东西在房内。童子见他是师傅的好友，就开禅房的门让他进去。他随手在书案上取了兰亭和二王法帖，一直到永安驿，对驿长凌愬说："我是御史萧翼，奉敕来这里公干。现在有墨敕在此，你去对都督说知！"驿长那敢怠慢，连忙报知越州都督齐善行。都督马上就去拜见萧翼。萧翼出御笔给他看了，并详说此行任务。都督赶快派人去召辩才和尚，但和尚仍在施主严迁家中未回。后来辩才听说御史和都督叫唤，立刻去见，原来御史就是老朋友萧先生。萧先生把奉命来赚取兰亭的因由对和尚说了，辩才听后，一急就晕厥过去，许久才苏醒过来。萧翼得到宝贝，立即驰驿还京，太宗大悦，擢升他为员外郎，加入五品，还赏赐他金银瓶各一件，玛瑙镂珠碗一，内厩良马二匹，配以宝装鞍辔，还有庄宅各一区。甚至举荐人房玄龄也赏锦彩千段。可见太宗是怎样的高兴了。初时太宗对这个辩才屡次骗他，颇为生气，因为他年老，不忍加刑，过了几月，仍赐辩才锦三千段，谷三千石。和尚收到越州都督送来上方颁赐之物后，不敢据为私有，移来建造一座三层宝塔。老和尚痛失兰亭，又经此一吓之后，生了病，饮食日少，一年后就死去了。太宗得到兰亭，命供奉拓书人赵模、韩道政、冯承素、诸葛贞等各摹数本，分赐呈太子诸王近臣。贞观二十三年（649）太宗病危，吩咐太子李治将来把兰亭真迹殉葬昭陵。

这就是传世的萧翼赚兰亭的故事。因有何延之此记，后世的文人词客和美术家，就把这件事传播开来，许多画家都以此题材来写画。到底哪一个画家最先用此题材来写成图画，现在无法知道，但宋人桑世昌所编的《兰亭考》一书，其中载有吴傅朋跋阎立本画《萧翼赚兰亭图》，文云：

右图写人物一轴，凡五辈。唐右丞相阎立本笔。一书生状者，唐太宗朝西台御史萧翼也。一老僧状者，智永嫡孙，会稽比丘辩才也。太宗雅好法书，闻辩才宝藏其祖智永所蓄右将军王羲之兰亭修禊叙真迹，遣萧翼出使求之。……阎立本所图，盖状此一段事迹（见该书卷三，是《知不足斋丛书》本）。

现在传世的阎立本画的《萧翼赚兰亭图》，共有两卷，一卷藏在东北博物馆，另一本原藏故宫博物院，蒋介石逃离大陆时，他的手下人把它带到台湾了。现在我把东北博物馆的一卷复印于此以供读者欣赏。此画是着色绢本，不一定是阎立本的亲笔，但是宋人的摹本无疑。桑世昌所见的也许就是这一本了。

此画共有五人，从画上来看，似是萧翼初次见到辩才，主人请他在内房谈天的情形。右边第一人有长须拱手而坐的是萧翼，第二人（在中间）是知客僧，第三人是辩才。这个老和尚手执羽扇，指点着高谈阔论，而客人则很恭敬的拱手聆听。这时候，因为辩才不知道客人是唐太宗派来的奸细，假如知道了，他就没有那么萧闲的态度来接待他了。作者能把这些表情很细致的刻画出来，使我们一见了就能领会，这是他描写生活的成功之处。

阎立本一家人都是艺术家，他的父亲阎毗是隋炀帝时的著名建筑工程家、画家，哥哥阎立德以画人物擅名。他本人做过将作大臣（掌管国家营造事业的官员），后来做到右相。据画史说，他擅长写人物、释道故事、车马。他的杰作，而且是真笔，只有《历代皇帝像》（本是福州人梁章钜所藏，后来他的孙子鸿志卖给日本人，再卖就到了美国，现在藏于波斯顿博物馆）一卷，此外还有《北齐校书图》（也在美国，恐是摹本），《职贡图》（今在台湾，也是摹本）。至于在画史上最有名的《秦府十八学士图》（唐太宗为秦王时，在他手下那十八个智囊人物房玄龄、杜如晦等人），《凌烟阁功臣图》、《射虎图》（写太宗的弟弟，李元凤故事）等，早已不存在世间了。

阎立本是太宗朝的大画家，是他第一个画萧翼赚兰亭的故事，当然是大有可能的（也许还是奉敕画的呢），立本之后，唐代也许还有画家写这故事的，如《宣和画谱》卷六所载，就有吴侁一卷，今摘录如左：

吴侁不知何许人也。作泉石平远，溪友钓徒，皆有幽致。传其《萧翼赚兰亭图》，人品辈流，各有风仪，披图便能相见，一时行记，一一在目，信乎书画之并传，有所自来也。今御府所藏一。

吴侁事略不详，但他是唐朝人。南唐时代，又有一个顾德谦（建康人）也写过《萧翼赚兰亭图》的故事。德谦专精人物，喜写道像，风格特异。夏文彦的《图绘宝鉴》说李后主评他的画“古有（顾）恺之，今有德谦”，可见他是怎样为人看重。但他的这一作品也未见流传下来，只见于画史而已。

据元人汤垕的《画鉴》说：“顾德谦《萧翼赚兰亭图》在宜兴岳氏，作老僧自负所藏之意，口目可见。后有米元晖、毕少董诸公跋，毕良史也，跋云：‘此画能用朱砂石粉，而笔力雄健，入本朝诸人所不能。比丘尘柄指掌，非盛称兰亭之美，则是力辞以无，萧君袖手营度瑟缩，其意必欲得之，皆是妙处。’画必贵古，其说如此。又，山西童藻跋云：‘对榻僧靳色可掬，侍僧亦复不悦，僧物果难取哉。’”

巨然是五代、宋初一个大画家，他本身是建康僧人，画史记载他也曾写过《萧翼赚兰亭图》的，如《清河书画舫》、《大观录》、《式古堂画考》等皆有。又，张庚的《图画精意识》记云：

（此画）水墨不设色。重山回抱，深松郁苍，山坳古刹，殿宇层层，前有水阁，为松石包抱。槛下溪山深静，幽况宜人。中写两人对坐，盖御史与辩才也。

清高宗的《石渠宝笈初编》卷十八载：

宋人《萧翼赚兰亭图》，素绢本，墨画，右方上有宣文阁宝，下半印二，漫漶不可识，右方下有绍兴一玺。

此画今尚存故宫博物院，曾影印于《故宫周刊》，但不敢确定是巨然之笔，只可以说是巨然画的。张丑《清河书画舫》卷七记巨然一画，与《石渠宝笈》所说的相同，今录左：

丙子阳月望前二日，余同朝延世兄访吴能远氏话闲，承示宋裱巨然绢本《萧翼赚兰亭图》立轴，上有宣文阁印，绍兴小玺，纪察司印。其画山水林木，满幅皆用水墨，兼行草法，止人物屋宇稍为设色，章法奇古，渐开元人门户，故是甲观。

从这一记载看来，故宫所藏那一幅宋人《萧翼赚兰亭图》，恐怕就是巨然画的了。

萧翼赚兰亭是一雅事，经画家一再绘写，更是流传民间，知道的人越多。但古人也有怀疑这件事出于虚构的，我认为不管此事之有无，总是艺坛一件趣事。清末一个学者李慈铭正是辩才和尚的同乡人，他的议论和艺术眼光甚高，也长于考证史事，我现在把他论这件事的一段文字抄录于此，使读者对这个故事作进一步的了解。

李慈铭《越缦堂日记》庚集下（第四十五册），光绪十一年(1885)六月十八日云：

张彦远《法书要录》引何延之《兰亭记》，言太宗使萧翼取兰亭事，委曲甚详。延之言开元初至会稽，亲得其事于辩才弟子玄素。玄素时居灵门寺，年已九十余，似所传当小谬。而《嘉太会稽志》（案：嘉泰乃宋宁宗年号，李氏避家讳，以泰作太）载汝阴王性之（铚）考古，引刘悚记云：兰亭叙梁乱出在外，陈天嘉中，为僧智永所得，至太建中，献之宣帝。隋平陈，或以献晋王，即炀帝也，帝不之宝。后僧果从帝借拓，及登极，竟不从索。果师死，弟子辩才得焉。文皇为秦王日，见拓本惊喜，及知在辩才处，使欧阳询求得之，以武德二年入秦王府。性之谓刘悚父子世为史官，以讨论为己任，于是正文字尤审。则辩才之师智果，非智永，求兰亭叙者欧阳询，非萧翼也。此事鄙妄，仅同儿戏。太宗始定天下，威振万国，尪残老僧，敢靳一纸书耶？倘欲图之，必不狭陋若此！况在秦邸，岂能遣台臣？放翁谓悚所云殊有理。然辩才所住永欣寺，即古之云门，今号淳化寺，有萧翼宿云门东客院留题二诗。吴傅朋记阎立本画，其跋犹存，立本太宗时人，盖亦亲见当时事者，恐不可尽弃。慈铭案：寺观题诗，或出后人傅会，吴说跋阎立本画，谓萧翼诣辩才，既见兰亭真迹，即出太宗诏札，以字轴置怀袖，则事情又与延之所记不同，太宗即有此事，何至当时便形图画？然悚谓事在武德二年，则是时太宗方与刘武周、宋金刚等苦战河东，会稽为李子通、沈法兴等所隔，虽《嘉太志》（即《嘉泰会稽志》）引唐太守题名，谓庞玉以武德元二年授越州都督，然考玉时方讨梁州山獠，未必能遽至。

太宗倥偬戎马，何暇办此？延之记谓取兰亭时越州都督为齐善行，善行为都督在贞观十七年，则理当然也。至延之记称萧翼为监察御史，所携内府二王杂帖数通，不云有心经。翼得兰亭后，擢员外郎，加五级服，并无西台御史、观察使等称，赵彦卫《云麓漫钞》辩此事云："开元二十二年初置采访使，至德三年改为观察使，太宗时焉得有观察使？龙朔二年改门下省为东台，中书省为西台，太宗时焉得有西台御史？三藏记贞观十九年翻译经文，心经预焉，右军时焉得有心经？"《四库提要》称其考核有根据，不知此等皆宋人所增饰，唐人绝无此言。有唐一代，无所谓西台御史者，惟宋以洛阳为西京，宋初有御史分司者称西台御史，故不知官制者以加之唐（唐称洛阳为东都，有留台，亦有分司御史），如吴说之跋称阎立本为右丞相，不知唐高宗及玄宗时，止有左相，右相之称，说亦以南宋之官称唐人耳。要之，陈隋以前，《兰亭序》不甚重，唐初虞褚诸人始盛推之。太宗雅好二王笔法，自后代加夸饰，遂以此为书家极轨，流俗影撰，丹青日滋，如玉匣殉昭陵等事，皆不足深信。晁补之等至以此为太宗累，何异痴人说梦，萧翼计赚辩才事，或由太宗笃好，不欲以万乘之威强劫缁流，故于几暇怡神，作此游戏，存之以为佳话，点缀名山，歆艳艺苑，未始不可，不必深辨有无也。

慈铭此段议论，具见卓识。我一向都认为兰亭真迹，未必就是藏在昭陵，但宋初诸人有此传说，故东坡诗就有"兰亭茧纸入昭陵，世间遗迹犹龙腾"之句了。慈铭日记末段所说兰亭殉葬昭陵之不可信，及不必深辨萧翼计赚之有无，深获我心，因此录之如右。

谈《八十七神仙卷》

《八十七神仙卷》为已故画家徐悲鸿所藏，卷首有齐白石题字，卷末有徐悲鸿题记。徐氏在文中说到抗日战争期间，他在昆明举行画展时，此卷在寓所忽被窃去，经过两年时间，有中大女生卢荫寰在成都发见，通知他，才再买了回来。徐悲鸿生前，曾交中华书局影印，本为长卷，但印时改为活页，看起来颇有“断气”之感，到一九五三年又再版一次。现在新印的是印成一长卷的。

此卷的正名应作《朝元仙仗图》，现叫《八十七神仙卷》，实因图中有八十七个神仙，故名。徐悲鸿得此卷后，欢喜到了不得，就给他的书斋改名为八十七神仙馆。《朝元仙仗图》的作者是武宗元（宗元初名道元，宋太宗时人，籍河南，以画人物释道著名，死于仁宗皇祐二年，公元 1050 年），但此图并无作者署款，有人疑是出吴道子之笔。

徐悲鸿得此卷，据说是在香港所买的。在抗日战争期间，他要到南洋开画展，路经香港，在冯平山图书馆顺便开个画展，主持其事的是许地山、马鉴、陈君葆等人。据说有一个德国人看见他的画，很是拜服，他对徐悲鸿说明自己没有钱买画，但有一幅古画愿意送给他留为纪念。便邀请徐悲鸿到家里吃饭看画，听说徐悲鸿花了钱向那德国人买了他所说的古画，即现在人民美术出版社影印这册《八十七神仙卷》（一说是德国人送给徐悲鸿的，悲鸿送了他自己所写的画二幅为谢）。徐悲鸿得到此卷后，曾请广州著名画家赵浩公（台山人，精摹古画，以假制古画驰名北京、上海、广州之间，市面很多宋元明精品多出他手，今已逝世）为他鉴定一下。赵浩公曾亲手假过一卷《朝元仙仗图》的，用来做蓝本的不是徐氏此本，而是友人罗君所藏的一本（详下文）。赵浩公知道这一本不是武宗元所写的，但也不能说它不是一件精品。

武宗元所写的《朝元仙仗图》，前为友人罗君所藏，一九五三年已被美国人转从日本买去了。罗君所藏的一卷，在最近四十年间历经沧桑，最后已为美国人出重资竞购而去。

罗藏的《朝元仙仗图》是民国二三年之间（1913—1914）为广州一个书画经纪人陈桐君所得。当时的鉴藏家不大爱宋元的画，只珍重“四王吴恽”，所以陈桐君并没有花很多钱就买到手。画中的绢地完全雪白，像新的一般，陈桐君生怕给人家说靠不住（因宋元的绢色多暗淡，作黄黑色），曾把它染成淡黄色。他对于此画很珍重，不肯卖给人家。民国四年（1915）广州西关大水，低洼之地，水深六七尺，同时又发生大火，烧了很多民房。陈桐君逃难时，什么都不带，只抱了此卷逃命。后来因为等钱用，只得忍痛割爱，愿意卖给罗先生，代价是银币五百元，罗君买得后，交给赵浩公装裱，装裱费也花到八百元左右。此卷藏在赵处将近一年之久，赵曾根据它摹一赝品，卖给美国人。真本上面的名人收藏印及题跋，有些被赵浩公割下，也有些是他加上去的。

后来罗君出卖此画，为李尚铭所得。有一个时期，李尚铭手头拮据，曾把它抵押给某人。十几年前流往日本。

一九五三年冬间，有个美国人绰号高江村者来港买画，某人告诉他日本有《朝元仙仗图》，劝他去买，他果然去到，花三万美元买了，据说将转售于纽约大都会博物馆。恰在高江村往日本之前几个月，有个姓陈的收藏家已和日本东京某些书画经纪洽商好，以日金四百万元买此卷回来，陈君在十二月兴冲冲的到了东京，但日本人已经把它卖给高江村了。

这两个《朝元仙仗图》的原本我都未见过，但罗君所藏的一卷（即高江村买去的），三十年前罗君带去天津时，罗振玉出不起七八千元没有买下，只给它影印出来（订成一本，而不是一卷），我曾见过这影本；前几年在陈君处又见日本影印的一卷（照原本大小影印一卷）；后来将徐悲鸿在中华影印的活页本与这影印本比较，我觉得高江村买去的那一本好。所画的人物比徐本好得多，线条非常活泼，衣纹开展，流畅，徐本的人物挤在一起，非常局蹐，布置失宜，好像所写的神仙还欠一两个头的。罗本的每一个神仙上都有一牌，写明是某某神仙，而徐本则没有。我们现在不问这两本是否真的出于武宗元之手（罗本虽无作者署名，但赵子昂等人题跋，说是武氏之笔），只说它们都是宋画，但比较一下，罗本实在比徐本高出许多，只可惜已流到国外去了！

山东沂南汉墓画像石刻

一九五四年三月至五月之间，华东文物工作队山东组在山东沂南县清理了汉朝的墓葬一座。此墓全部都是用石建造的，虽然是那么坚固，但从墓室的顶端看来，它过去曾被人盗掘了不止一次。工作队清理此墓后，得到很多出土文物，最有趣和有关我国绘画雕刻的，就是墓中那些石刻了。在墓门、室壁、柱、础、枓栱、门额、枋子上都有雕刻，刻画非常精致，内容又很丰富，给研究那一时古代的社会生活和艺术提供了不少新的材料。

墓中的石刻共有五十五块，我见到的拓片只有三十五张，现在影印在此的一张是墓的中室里面的横额，刻的是汉人游戏的情形。一九五四年十一月份的英文《中国建设》曾登过此画，可惜对它没有充分说明，只寥寥数语以为介绍。我现在试从此图来谈谈汉人的百戏和这个墓的其他雕刻。

此画可分作四组来说。第一组从右到左，刻的是马戏与技击。玩马戏的有一女子，双手据在正在奔腾着的马背上，两足腾空，右手还拿着一戟。其后面一人在玩弄一种带流苏的、长而软的有柄的东西，这种东西，现在北方人叫它做绳鞭。其前面有一女子，站在奔腾的马背上，一手玩弄一个长的绳鞭。这种游戏，现代叫做马戏，但在汉朝却叫做猿骑。其下一段是有三匹马拉着的车子一辆。马正在发足奔驰。御车的人坐在车箱的右前，左手握着六条辔，右手拿着一条长鞭。车箱的中部竖一长杆，杆的中段贯一横置的大建鼓。车箱内坐有四人，前二人吹排箫，后面右一人举着双槌，在打横在他面前的小鼓，左一人在吹笛。建鼓的上面有带着许多结的流苏披拂下来，可能为羽葆。再上有一平板方架，架左右各垂流苏。板上有一小女孩子，两手据板上，双足朝天，在翻腾着。车箱内前部复竖一带流苏的幢，上有方板，比中间的方板更高，大约那个女孩子可以从那块板上跳到这块板上。这鼓车的后面，有三个人立着，前面放三个鼓，三人左手各执长梃，大概是打鼓用的。

第一组的画面最有趣味，我来详细多说一下。汉朝民间早就有马戏。当时的人，对于马戏极为爱好，所以汉代的石刻中，常见刻有马戏的图像，有些是人骑马上，作种种表演，也有以马驾车而戏的。登封县的少室石阙，有一段画像，两马疾驰；前一马有人穿长衣，倒植马背上；后马一人也是穿长衣，坐马背举长袖而舞，赵之谦曾摹之以入印。现在沂南的汉墓石刻那两个女子在马上游戏，即属于此类。驾车而戏的，在汉石刻中也很多，这幅车上竖杆就属于此类。也有驾战车互相追逐为戏的，山东临淄县文庙画像刻石，及四川成都新近出土的汉画像砖常见到的。

车上竖杆，杆上有人在作种种游戏，此种把戏，叫做都卢寻橦，省称“都卢”。这游戏不止一种，汉晋人的辞赋有这样的描写：

张平子《西京赋》云：

尔乃建戏车，树修旃，侲童呈材，上下翩翻，突倒投而跟挂，譬陨绝而复联；百马同辔，骋足并驰。橦末之伎，态不可弥；弯弓射乎西羌，又顾发乎鲜卑。

李尤《平乐观赋》云：（李尤，汉朝人）

戏车高橦，驰骋百马；连翩九仞，离合上下。或以驰骋，覆车颠倒。

傅玄的《正都赋》描写那童子缘杆上下的神情，极为逼真，如云：

乃有材童妙妓，都卢迅足，缘修竿而上下，形既变而影属；忽跟挂而倒绝，若将堕而复续；虬萦龙蜒，委随纡曲；杪竿首而腹旋，承严节之烦促。

从上面的辞赋看来，缘上木杆游戏的，多是“侲童呈材”、“材童妙妓”、“都卢迅足”。因为童子身轻，做这种游戏总比成人敏捷。《正都赋》有“承严节之烦促”，可见杆上奏演的人，要和下面的鼓乐合其节拍的。此图的车箱内有四个音乐师，车后也有三个人击鼓呢。这正是车橦之戏，在汉石刻中还是仅见，非常珍贵（孝堂山石刻虽也有一段是都卢寻橦，但只是普通的，并不是车橦也）。

第二组是鱼龙曼衍之戏，这也是很有趣的。所谓鱼龙曼衍，据《汉书·西域传》赞云：“作巴俞都卢，海中砀极，漫衍鱼龙角抵之戏，以观视之。”注云：

漫衍者，即张衡《西京赋》所云：巨兽百寻，是为漫延者也；鱼笼者，为舍利之兽，先戏于庭极毕，乃入殿前激水，化成比目鱼，跳跃漱水，作雾障日毕，化成黄龙八丈，出水敖戏于庭，炫燿日光，《西京赋》云：海鳞变而成龙，即为此色也。

现在这一组有龙，有凤，有巨兽，有鱼，可为《汉书》这一段赞作一插图。此图右上有三人席地而坐，右一人在吹笛，中一人打板，左一人端坐，下面一人装成一个凤鸟，其前立一人，手中拿着一株枝叶扶疏的树，向凤鸟玩弄着。左上一人戴兽面，装成兽的形状，左手拿着蛇状的东西，右手带着便面，前面有人对着他，双手据地，双足朝天在翻筋斗。其下有一大鱼，其右旁立二人，其左一人半跪于地，以肩承鱼。三人皆手举摇鼓摇之。鱼之前面有一龙，背上驮有一瓶子，一女人站在瓶口上，手持带流苏的长竿在玩弄。龙前后各有一人，左手拿着短梃，右手举着摇鼓在摇。龙之上一段为绳戏，俗称走索。三个女孩子在绳上走着，中间一个两手据绳上，双足朝天，绳的下面还插有四把尖刀子。

第三组是乐队。上面一人席地而坐在击磬（磬的形状和武梁祠画像的一般无二），一人在撞钟，一人舞动双槌在击带羽葆的大建鼓。下面有三排音乐师坐在长席上，共十四人。右排四人，最右一人在鼓琴，次一人在吹埙，再次一人坐着，最左一人在吹葫芦笙。中排五人，最右一人在打一个小鼓，中间三人吹排箫，最左一人也在吹埙。左排坐着的五人是女乐，最右一人手持短棍在指挥，其余四人前面放着四个鼓，中间三人以右手指按着鼓，作敲击状。

第四组是杂技。站在五个女乐前的一人，他的额上顶着一枝十字形的长竿。竿的顶端有一圆盘，一个小女孩用腹部靠在盘上旋转，横木的两端有两个小女孩在翻转着，表演各种姿势。顶竿的人赤着上身，两足作走着的姿势，他脚下有七个圆形的覆盘，正在作七盘舞。顶竿人的后面，有一个长须赤身的人，手里抛玩着四把刀，其下有一人，手里舞着两个长条的东西，其上有五个圆球。这两种节目叫做跳剑、跳丸，颇值得一说的。这两种游戏，在汉代极为通行，汉晋人的辞赋，时时有提到它的。例如汉李尤的《平乐赋》有云："飞丸跳剑，沸渭回扰。"东汉张衡的《西京赋》有"跳丸剑之挥霍。"晋傅玄的《正都赋》有"跳丸掷堀，飞剑舞轮。"凡跳丸剑，一定要有鼓乐相配，屡见于汉代的石刻画像，因此第三组乐队与第四组是有关连的。案：跳丸、跳剑之戏，似在春秋战国之间已经就有了。

以上所说的都是中室一个横额的石刻，现在略说一下其他石刻的情形。中室四壁门的两旁，都刻着一些汉代以前的历史故事和传说，并且有盛装舞蹈，富有戏剧趣味的人物。画上有榜题，题"晋灵公"、"苍颉"、"齐桓公"、"卫姬"、"令相如"、"孟奔"等字样。墓门的额、柱各刻西王母、东王公、伏羲、女娲等像。前室横枋、枓拱、柱和础上都刻着奇禽怪兽，飞龙舞凤和几何形装饰图案。

沂南县的汉画作风，和武梁祠、孝堂山的略有不同。最大的分别是武梁祠是阳刻的，孝堂山是阴刻的。沂南县的石刻是浅浮雕，而在浅浮雕上，又有细线条的阴刻文。这种刻法，在汉代的石刻中是比较进步的。画面的人物都异常生动活泼，在画法上来说，也比武梁祠、孝堂山的进步许多。从这些石刻来看，此墓也许是汉朝末年的人所有，因为我所见的都是拓本影印出来的，并非见到原石，所以不能说它是西汉抑是东汉，但从作风上看来，多半是东汉或接近西晋时代，现在只能假定它是汉朝的，以待将来进一步再作研究。

有趣的买地券

买地券是我国营葬风俗之一，这种风俗由来甚古，大概可以远溯至东汉末年，至今已将近二千年了。近年国中大力建设，各地有很多买地券（也称墓券）出土，提供了很多研究墓葬风俗的资料。买地券是什么东西呢？我且引清人褚石农的《坚匏集》所载来大概说一下。他说：

今人造墓，必用买地券，以梓木为之，朱书云：用钱九万九千九百九十九文，买到某县某都某山某圩地云云。此村巫风俗如此，可以为笑。及观元遗山《续夷坚志》，载曲阳燕川，青扬坝，有人起墓，得铁券刻金字云："敕葬忠臣王处存，赐钱九万九千九百九十九贯九百九十九文。"此唐哀宗时事也，然则此事由来久矣。

其实这种风俗，远在晋朝已有，不过到了唐朝才普遍盛行罢了。钱大昕《十驾斋养新录》引周密《癸辛杂识》所云："今人造墓"至"由来久矣"（《坚匏集》所引亦如此）。紧接之处，续云：

顷岁山阴童二如游洛阳，得石刻一方，其文云："大男杨绍，从土公买地一丘，东极阚泽，西极黄滕，南极山背，北极于湖。直钱四百万，即日交毕。日月为证，四时为任。太康五年（公元284年，太康晋武帝年号）九月廿九日，对共破莂，民有私约，如律令！"盖晋时所刻。乃知人家营葬，向土地公买地，其说相承已久，不始于唐世，惜乎遗山，草窗两公未得此异闻也。

据金石家叶昌炽说："买地莂，释名，莂，别也，大书中央，破别之也。古人造冢，设为买地之词，刻石为券，纳之圹中。汉时或刻于砖。太仓陆蔚庭前辈，藏古砖甚富，有建宁元年（公元168年，建宁是汉灵帝年号——引注）马氏兄弟买山莂，即冢中砖也。"这些莂就是墓葬中买地券的滥觞。晋朝初年，买地券已有"日月为证，四时为任"之语，后来则演为"知见神仙李定度"、"证见领钱神仙东方朔"（案："知见"、"证见"，皆保人或中人之另一名称）等名。其四至初时还有实界，和现在的地契相同，到唐朝以后，则变为"上至青天，下至黄泉，东至甲乙麒麟，南至丙丁凤凰"等虚无飘渺之境了。

买地券的文字，虽然多是鄙俚不很雅驯，但还简质近古，大抵是出于古时的村巫之手的。文字的格式，各地不同，奇怪的是那些四至，买卖主、见证人、中人等的名字，多半是"张坚固"、"李定度"、"东王公"、"西王母"、"东方朔"等人。而最常见的人名则为张坚固和李定度。因为俗语假设为姓名，常曰张三李四，张坚固、李定度是假设的姓名，正合于俗语之义。

关于买地券的文字，我现在抄一些百年前广州出土的南汉

“马氏二十四娘墓券”的文字，给读者参考。文云：

维大宝五年，岁次壬戌十月一日，乙酉朔。大汉国内侍省扶风郡殁故亡人马氏二十四娘，年登六十四命终，魂归后土。用钱玖万玖阡玖伯玖拾玖贯玖伯玖拾玖文玖分玖毫玖厘，于地主武夷王边，买得……坤向地一面。上至青天，下极黄泉，东至甲乙麒鳞，南至丙丁凤凰，西至庚辛章光，北至壬癸玉堂。……今日处券，应合四维，分付受领。百灵知见，一任生人兴工造墓，温葬亡人马氏二十四娘……义卖地主神仙武夷王，卖地主神仙张坚固，知见神仙李定度，证见神仙东方朔，领钱神仙赤松子……（文字颠倒写成）

这是买地券的典型文字，各地虽稍有不同，但类多如此。至于荒诞不经的墓券文字，叶昌炽《语石》卷五，记有一段，非常有趣，今摘录如下：

元和九年（公元 814 年，元和是唐宪宗年号）九月廿七日，乔淮臣买德（得之俗字）地一段，东至海，西至山，南至剑各，北至长城。用钱九十九千九百文，其钱交付讫，其地更不得忏忲，如有忏忲，打你九千，使你作奴婢。上至天，下至皇泉，保人张坚故，保人管公明，保人东方朔，见人李定度。

据叶氏说：“‘剑各’当为剑阁之驳文，山海、剑阁、长城、极言其寥廓无界，纯为虚构之词。忏字当系十千二字之合体，下一字未详。”这正是叶昌炽所说“荒诞不经”的一例了。

我总是觉得为什么唐宋的买地券多用“用钱九千九百九十九”，而不用整数，为什么不用一万呢？何以太康五年的地券作“直（即值之原字）钱四百万”呢？这个问题近日才给我发现。

原来唐宋的俗谚，以九百为痴，骂人做“九百”，就是说此人的精神不足之故。这个俗谚现在已不通行，我们可以从此类推，唐宋人凡说假设之辞，必定用九数的。墓券中九万九千九百九十九文，不过是假设罢了（案：《后山诗话》：昔之黠者滑稽以玩世，曰：彭祖死，其妇哭之恸。邻里曰：“人生八十不可得，而翁八百矣，尚何尤？”妇谢曰：“汝辈自不喻耳，八百已死，九百犹在也。”世以痴为九百，谓其精神不足也。又曰：县令新视事，不习吏道，召胥魁，具道笞十至五十，及折杖数。令遽止之曰：“我解矣，笞六十为二十四耶？”〔案：杖之数，律皆四折，故为二十四——引注〕魁笑曰：“五十尚可，六十犹痴耶？”东坡取为偶对曰：“九百不死，六十犹痴。”盖“笞”、“痴”同音，东坡以俗谚入对，也可谓妙手偶得之了）

墓券是村巫假托买地于鬼神的，所以四至、保人、证人、卖主都是假托之名，各地的文辞虽有稍异，但千余年相沿下来不改，直到今日，广州有些旧式人家营葬，还有墓券。

墓券的另一种是记载死者随葬的衣服、器物名称和一段买地券式的文章，这又是墓券的另一格式。这种墓券发现还不多，一九五四年五月，长沙北门桂花园发现一个晋朝古墓，出土器物很少，但有一块长二三米，宽一二厘米的青白色石板，两面都刻有字。一面记载死者的随葬品，另一面刻有买地式的文字，第一段文字，记载衣服、用具极多，第二段是买地式的文字，现在把它全部抄出来。

升平五年（公元 361 年，升平系东晋穆帝年号，是年五月帝崩，哀帝即位，翌年改元隆和）六月丙寅朔，廿九日甲午，不禄。公国典卫令荆州长沙郡、临湘县，都乡、吉阳里周芳命妻潘氏，年五十八，节日醉酒不禄。其随身衣物，皆潘生存所服饬（即饰字），他人不得忘（妄字之误写）认诋债（此句是说冒认抵债之意）。东海童子书，书迄还海去，如律令。（以上释文，根据《考古通讯》一九五六年第二号史树青先生《晋周芳命妻潘氏衣物券考释》一文。）

据史树青先生说，这种墓券，既不是真实的地券，也不是迷信的买山地券，而是一种物券。这种物券的内容，除了端方《陶斋藏石记》卷十三著录了一件北齐武平四年（573）高侨为妻王江妃造木版外，在石刻中，还是第一次发见。

北齐武平四年是公元五七三年，比升平五年（363）后二百一十二年，这一墓券之出土，使我们对于古人殓葬的风俗，增加了不少研究资料。同时，墓券上的文字，又为我们研究汉语语法和俗体字的写法，提供了很可贵的资料（这个墓券的文字，有很多俗字，已开六朝俗字的先例了）。

高侨为妻王江妃造木版后面，附了湘阴龚锡龄一段按语，他说："今湘俗焚寄冥物，必具物目及护照，令沿途勿得留难，观此，则北齐时已然矣。"（史树青先生文中所引）但这个周芳命妻潘氏的墓券（也可说是衣物券）文字，只说到不许人去冒领他亡妻生前的衣物，尚未有护照，则湘俗焚寄冥物，必具物名及护照之俗，当在东晋升平五年至北齐武平四年之间。这真是一个有趣的问题。

寒山寺钟与诗碑

苏州的寒山寺，只因唐诗人张继《枫桥夜泊》一诗，在千余年前就使它著名起来。这首诗，不只我国的小学生多懂得，就是在日本，只要稍为受过教育的人都会朗诵的。一九三七年十二月底，日本军队占了苏州，日兵的司令附庸风雅，向他的祖国首都东京广播，宣布“皇军”把苏州占领了，然后高诵“月落乌啼霜满天，江枫渔火对愁眠；姑苏城外寒山寺，夜半钟声到客船。”又敲了几下钟，说这就是寒山寺的钟声了。其实那个钟已不是诗人张继所闻的钟了。唐代那个，早已给日本人花钱骗了去，陈列在东京，视为环宝，到日本投降后，日本人才交回。

寒山寺之得名，完全是靠一口钟和一首诗，寺中有文徵明所写的《枫桥夜泊》诗碑，后来俞曲园也补写了一块。但文氏所写的诗碑早已残破不能再读，俞氏所写的诗碑在沦陷期中不知怎的被运去南京，今在市府花园中。日寇投降后，吴中人士以寒山寺而无一诗碑，为美中不足，名画家吴湖帆便托人找当时的国史馆馆长张继（字溥泉，河北沧州人，与唐诗人襄州人张继同名）写《枫桥夜泊》诗，并请黄怀觉刻石。现在此碑已树立寺中，为苏州生色不少（1957 年 11 月，友人某君游寒山寺已不见此碑，不知何故）。

关于吴湖帆请张继写唐贤张继诗一事，经过甚为曲折，现在把详情写出来。一九四七年，刘成禺往广州赴两广监察使之任，道出上海。吴湖帆和张继并不认识，就托刘成禺转求张继写此诗。恰好濮伯欣（字一乘，曾助狄平子编佛学丛书，熟于晚清故事，民国初年著有北京打油诗，传诵海内）在座，刘成禺便说："濮君正在国史馆任事，何不托他更为便当。"于是写碑的事，便托了濮一乘去办。但不久后，张继忽然死了，吴湖帆很是惋惜，以为这次得不到他的字，寒山寺的佳话便不能流传了。怎知张继死后第三天，吴湖帆收到国史馆挂号寄给他张继所写的字，使他惊喜万状，马上请人刻石。

张继所写的是草书，完全是学明人的草法，虽然写得也颇可观，但韵味不够，和文徵明、俞曲园的一比，就较差了。诗末张继附有识语云：

余夙慕寒山寺胜迹，频年往来吴门，迄未一游。湖帆先生以余名与唐代题《枫桥夜泊》诗者相同，嘱书此诗镌石。惟余名实取恒久之义，非妄袭诗人也。中华民国三十六年十一月，沧州张继。

碑的左侧下方，刻有吴湖帆一跋及濮伯欣一函，一并录出，以为读者参考。吴氏一跋云：

余以张溥泉先生与唐张继同名，乃请濮伯欣先生转求书《枫桥夜泊》诗，不意书成，翌日溥公即作古人，遂成绝笔，是亦前生文缘也。爰付刻石树寒山寺中，留此佳话，亦将濮君函刻于下，真迹赠史馆保存云。

濮一乘给吴湖帆函云：

湖帆先生左右：申江奉教，诸承款接，别后俗冗，兼以嘱件尚未报命，致疏笺候，歉仄无既。《枫桥夜泊》诗，屡事敦促，因张溥老近日劳瘁过甚，致迟至前三日始行书就，越一夕即作古人矣。此纸实其绝笔，史馆同人，欲予保留，继又因执事对于此纸，自具胜缘，自应将真迹寄呈，惟恳尊处于上石之后，仍将原纸寄还史馆，俾其保存，作为纪念品，幸赐俯允，感戴不尽矣。天寒手冻，草草不恭，敬颂台绥，并候俪福。弟濮一乘拜启。

本来苏州人想找张继来写《枫桥夜泊》诗的，不始于吴湖帆。远在吴氏此举之前十九年，时为民国十七年（1928），小说家包天笑先生（今隐居香港）有一次和吴县县长王引才游寒山寺。包先生见到文、俞所写的诗碑都大半倾圮了，便对王引才说，近日张继做了古物保存会委员长，时时来苏州游览，你何不请他游寒山寺，顺便请他写《枫桥夜泊》诗，刻之上石，留为千古佳话呢？但王引才是一个风尘俗吏，并不亟亟于风雅之事，迟迟未有举行，不久后，他的县大老爷也去任了，一直到十九年后，才由吴湖帆完成此事，好像天意故留待吴氏去完成的。

关于俞曲园写寒山寺诗碑，世人多误为江苏巡抚程德全，其实乃为上一任的巡抚陈夔龙所立。陈氏的《梦蕉亭杂记》卷二，记此事云：

德清俞曲园先生，东南硕学，以翰林罢官归，侨居吴下……

寒山寺古刹，为姑苏名胜，兵燹后失修，公暇往游，蓬蒿满地，即所谓夜半钟声者，亦归诸无何有之乡，琳宫宝刹，悉付劫灰，爰捐俸醵资，重建殿宇，并范钟泐石，以存古迹。寺中旧有文待诏书唐张继七绝一首，碑已半圮，字亦经风雨剥蚀几尽，爰请先生重书。先生谓张句固佳，但“江枫”二字，不甚可解。考之《吴中纪闻》所载，系“江村渔火”，因赋一绝辨正，与原诗共书诸石，今尚兀立寺中。余辛亥解组，侨居沪渎，曾至姑苏，偶过枫桥小泊，重寻雪爪，摩挲片石，为之低徊而不能去。……

俞曲园所写的《枫桥夜泊》诗是有这样一段历史的，到今已五十一年。除文、俞、张三碑之外，还有康有为、万绳栻所写的诗碑。康有为的诗碑云：“钟声已渡海云东，冷尽寒山古寺枫；勿使丰干又饶舌，化人再到不空空。”万绳栻的诗碑是七绝二首云：“古刹丰碑劫运消，摩挲谁与认前朝；山僧不解兴亡恨，只闭禅关拾堕樵。”“掉首寒岩迹已陈，桦冠木屐去来频；问他桥畔停船客，省得钟声能几人。”康有为的诗是悼惜寒山寺钟已被俗人卖给日本（康氏晚年自号天游化人），万诗第二首则颇斥日本人不解风雅（万氏是南昌人，民国初年，参张勋戎幕，复辟党健将。溥仪做伪满洲国执政时，他做执政府秘书，死后谥“果敏”）。

寒山寺我始终没有进去过，也没有见过它的钟。据一九五四年十二月香港某报所载施叔范先生《苏州寒山寺》一文，说到那口钟，有云：

过（枫）桥便见寺内的钟楼，耸出墙端，殷勤的接客僧，就会打钟相迎，并念起唐诗，告诉听钟人以可爱的掌故。按唐代冶制，沿用北魏渗鎏金的镕铸法，对寺宇的钟磬之类，尤为考究。寒山寺又是苏州的较早的禅林，所以内部制作，比一般的更要精美些。这口钟大过七石的覆瓮，紫锈青斑，胶种满体，几乎难辨它是铜，惟挂索叫“追蠡”的地方，还露些光泽，它静静地悬着，声息全无，等一杵敲来，嘹亮悠远的音节，随时随地会引起任何人的心灵上的反应，原不必夜半客船，听了才波动思潮的。依推想，当时像教铸钟的积极含义，晚鸣一百八下，像提示人们一面安息，同时还得反省一天内生活的经过，到五更又猛吼起来，说明了“一日之计在于晨”。它的推动劳作，无微不至。……

这是施先生前三年游苏州后写寄来香港的文字，读者可从此约略认识一下寒山寺的钟了。

最古的版本书——石经

中国未发明雕版印刷之前，人们所读的书都是手抄本，你借给我抄，我借给你抄，日子久了，就难免没有错误和脱漏。到东汉灵帝熹平四年（175），议郎蔡邕（字伯喈，陈留人）正在东观校书，他认为这样的混乱，一定会贻误后学，于是就和唐溪典、杨赐、马日磾、张训、韩说等人，奏请汉灵帝刻个标准的六经本子，立在首都洛阳太学（即当日的大学）门外，即现在洛阳故城南碑楼庄、朱家圪垱、大桥三村之间。刻在石碑上的经，共七种：《鲁诗》（不是现在的《毛诗》）、《尚书》、《仪礼》、《易经》、《春秋》（《公羊经》）、《公羊传》、《论语》（因为公羊是属于春秋的传，所以《汉书》仅称蔡邕奏请校定六经）。写六经的文字上石给工人刻的是蔡邕（据《后汉书·邕传》云："奏请正定六经文字，灵帝许之，邕乃自书丹于碑，使工镌刻"）。不过六经的字共数十万，蔡邕当时是一个官员，而且有二十年的时间不在洛阳，断不是他一人所写的，前人已有论及，如黄伯思的《东观余论》、洪适的《隶释》，就这样说过。

石经的写、刻，一共费时九年，到光和六年（183）才全部竣事，于是各地的人都赶去洛阳抄录观瞻，每天都有千余辆车子挤在洛阳城内外，使得交通为之阻塞。

在东汉末年与魏国初年，古文经学已经盛行，而《熹平石经》是用汉代通行的隶书（今文）写成的，没有古文。于是在曹魏正始年间（240～246）又刻了两部古文经，一部是《尚书》，一部是《春秋》，与《熹平石经》同立在太学。这就是《魏石经》，人们为了易于分别，叫《熹平石经》为《汉石经》。《魏石经》既然是用古文刻的，一班人未必就懂得，因此在每一个古文之下，又写上一个小篆，一个隶书。后人除了叫它做《魏石经》外，又称它做《正始石经》或《三体石经》。

这两种石刻，刻于一千七百年前，可说是我国最古的版本书了。可惜当时的人还未发明拓印之法，所以石经没有汉魏的拓本流传下来，今日《汉石经》的拓本，还是近数十年出土的残石所拓的。汉魏石经早在千年前经过天灾人祸，大部分毁了。（说见下）

到唐朝文宗开成二年（837）也刻过一次石经，叫做《开成石经》。它一共刻的是《易》、《书》、《诗》、《周礼》、《仪礼》、《礼记》、《春秋左氏传》、《春秋公羊传》、《春秋谷梁传》、《孝经》、《论语》、《尔雅》计十二经，清朝贾汉复又补刻《孟子》，合成为十三经。这部石经大部分还完整，现在保存在西安碑林里面。

此后孟蜀广正七年（944），蜀主在成都开始刻十经(《易》、

《书》、《诗》、《周礼》、《仪礼》、《礼记》、《春秋左传》、《论语》、《孝经》、《尔雅》)。宋朝又再为之补刻《春秋公羊传》、《春秋谷梁传》两传，到仁宗皇祐元年（1049）刻成。徽宗宣和年间，席贡补刻《孟子》，共为十三经。历代所刻的石经，只刻正文，独有孟蜀所刻的，连注文都刻了，因此石碑的数量比以前的多好几倍，到底确数多少，现在无从而知，照估计应在一千以上。这部石经一共刻了一百年才完成，奇怪的是它的全部毁灭的历史，竟不见前人一字述及，这真是一件有趣的事！据近人猜测，这些石碑大概后人拿去做建筑物了，因为在抗日战争期间，成都开辟城墙缺口时，就发见过一些残石。

宋仁宗嘉祐六年（1061）刻成二体石经，那是一行篆书，一行真书的。刻的只是九经，石碑久已失去，现在开封还有一些残石。

宋高宗在杭州时，喜欢写字，曾写过一些经书，秦桧把它刻石，现在杭州还有残存。

清高宗也刻过十三经，是乾隆五十六年（1791）刻成的，一共一百九十块碑，现存北京国子监（今已改为图书馆)，大致完整（以上一部分文字利用马衡先生的《石刻》一文，文刊一九五六年《考古通讯》第一期)。

以上是我国千年间刻经的一段小史，现在我把最古的汉魏两石经的灭亡略说一下，顺便一说现存的残石。

汉石经共有碑石四十六块，两面都刻字，每碑三十六行，行七十字，两面计之，一碑共有五千零四十字。每碑高八尺，宽四尺。晋永嘉年间（307～312)，有人见到完整的碑只剩下十八块而已。东魏孝静帝武定四年（546)，汉、魏两石经开始迁徙，由洛阳移往邺都，在途中恰遇黄河两岸崩决，大半沉入水底。这是残存石经的另一空前浩劫（在此之前，经过晋末之乱已毁去不少了）。北周静帝大象元年（579），又把邺都的存石运回洛阳。这一迁徙，又损失了不少（宋人的《广川书跋》云："周大象中，诏徙邺城石经于洛阳时，为军人破坏，至有窃载返邺者，船坏沉溺不胜其众也。其后得者，尽破为桥基"）。隋开皇六年（586），又把石经西迁往长安。在此四十年中，历魏、齐、周、隋四代，石经往复迁徙数千里。隋平天下，本可安定一时，但石经的劫运还未去，一部分被营造司改作柱础了。

经过一千年后，到了明清两代，汉魏石经不但片石不存，就是残石拓本也不易得。清朝金石家所考订的汉石经残字拓本，还是宋人所摹的拓本，至于魏石经则连摹刻本也没有见过。

现在大略说一下今日所存的汉魏石经残石。民国十一年至十三年（1922～1924），洛阳碑楼庄朱某，先后掘得碑石数百块，其中以《鲁诗》、《尚书》、《仪礼》、《论语》为最多。这一批石经残碑，为马衡、罗振玉、柯昌泗、徐鸿宝（今任上海市文物管理委员会主任）等人所得。一九二二年，碑楼庄朱圪垱又出《周易》一石，凡四百九十一字，为萍乡文氏所得。一九二九年又出《周易》一石，可惜中断为二，上半石归湖南人李某，下半石归于右任，各得数百字。一九三四年在朱家圪垱出土一石，归沾化李氏，今在台湾。

沾化李氏所得的一石是《春秋公羊经》，碑阳起僖公十三年，讫僖公三十三年（前647～前627）；碑阴起昭公三年，讫昭公二十一年（前539～前521），合计共六百二十四字（残四十二）。唐宋以来出土石经字数如此之多者，此尚为第一次所见。

一九四五年，西安市青年路附近发现魏三体石经《唐诰篇》残石。一九五七年，农业厅在此路挖下水道时，掘得魏三体石经一块，先后两石出土相距不到二百米。此石正面刻《尚书·梓材篇》，背面刻《春秋》文十行，五十字。这是最近所出的一石，现藏陕西省博物馆。

自石经先后出土，这部最古的版本书，对于我国文化有极大的贡献，我们可以利用它来校正今日许多古书的错误，并且它又具有艺术价值，我们可以拿它来作临字的范本，研究古代文字的变迁。

《永乐大典》的过去与现在

《永乐大典》是我国一部规模最宏大、卷帙最烦重的大类书。这部书是明成祖永乐元年（1403），特命解缙等人，仿照《韵府群玉》和《回溪史韵》体例进行编辑的。钱大昕《十驾斋养新录》说它的编纂经过，颇为扼要，现在摘录于此。

《明实录》：永乐元年七月，谕翰林院侍读学士解缙等曰："天下古今事物，散载诸书，篇帙浩穰，不易检阅，朕欲悉采各书所载事物类聚之，而统之以韵，庶几考索之便，如探囊取物尔。尝观《韵府》、《回溪》二书，事虽有统，而采摘不广，纪载太略。尔等其如朕意，凡书契以来，经、史、子、集百家之书，至于天文、地志、阴阳、医卜、僧、道、技艺之言，备辑为一书，毋厌浩繁。"

明成祖编纂此书的动机便是如上所述。永乐二年十一月编成，赐名《文献大成》，后来明成祖觉得这部大类书所收的书还未齐备，诸多简略，于是再下令重修。钱大昕说：

敕太子少师姚广孝、刑部侍郎刘季篪及缙总之，命翰林学士王景……山东按察佥事宴璧为副总裁，命礼部简中外官及四方宿学老儒有文学者充纂修，简国子监及在外郡县学能书生员缮写，开馆于文渊阁，命光禄寺给朝暮膳。五年（1407）十一月，太子少师姚广孝等进重修《文献大成》书凡二万二千二百一十一卷，一万一千九十五本，更赐名《永乐大典》，上亲制序以冠之。赐广孝等二千一百六十九人钞有差。

《大典》之编成及改名经过即如上所述。如果连目录共计，就一共二万二千九百三十七卷。总计字数约在三亿字左右，动员知识分子约三千人。编纂时，首先采用明太祖时文渊阁藏的宋元两朝御府藏书，作为基本资料。同时又派了一批访员分赴各地采购图书。在极短的时间内，集中了各种书籍七八千种，依照《洪武正韵》之目，将这些书籍一字不易，整部整篇或整段按韵编入。

这部大类书的优点是它比以前历代君主所编的类书（如《太平御览》等）要完备得多，它从经典以至民间的戏曲、歌谣、笔记、小说都兼收并蓄，有很多海内孤本的书它都搜罗了，这些书现在有很多我们不止未见过，而且也未闻过的，都赖《永乐大典》得以知道。

《永乐大典》是在南京编写完成的，永乐十九年（1421）北京紫禁城筑成，大典就和南京文渊阁的藏书陆续北运。运到北京后，因为这部书的卷帙太多，始终未能雕版刊印（明人周弘祖的《古今书刻》说到内府所刻书中，有《永乐大典》，但向未见过）。到明世宗嘉靖四十一年（1562），宫中三殿火灾，幸抢救得法，大典不致全部毁去。据明人朱国桢的《涌幢小品》说，大典贮在文楼，“世宗甚爱之，凡有疑，按韵索览。三殿灾，命左右趣登文楼出之，夜中传谕三四次，遂不毁。又明年，命重录一部，贮他所。”当时摹录副本的人，一共一百〇八人，每人日抄三页，前后历时六年，到穆宗隆庆元年（1567）才将副本写成。朱国桢说这副本“贮他所”，但没有说明是什么地方。现在流传的永乐大典，是嘉靖年间的副本，正本仍藏文楼。正本何时毁去，现在无从知道，大概是明末亡国时候，和文渊阁的书一起毁了。副本是藏在皇史宬的，清雍正年间移至东交民巷的翰林院收藏。乾隆年间重点时，已失去二千四百余卷，只存九千余册。这九千余册，曾在纂修四库全书和《全唐文》时，起过很大的作用。从此之后，大典就无人过问，一任它躺在翰林院被虫伤鼠咬，蛛网尘封了。自光绪十六年（1890）起，大典就时有损失，翰林院风雅人物，不时偷些回家（其实在明末已大有散失，张宗子的《陶庵梦忆》说：“胡仪部携其尊人所出中秘书名《永乐大典》者，大帙三十余本，一韵中之一字犹不尽焉。”其时约在崇祯末年也），到光绪二十年（1894），只存八百余册而已。

庚子义和团事变，八国联军入京师，大典被烧了一部分，未被毁的就给这批“文明”的军队抢了，偷运回国，于是英、美、法、德、俄、日各国的大图书馆中都藏有大典零帙，少者一二册至三五册不等，多者竟至数十册。这是我国文化遗产被掠夺的惨剧中最惊心动魄的一幕，凡是黄帝子孙，都不会忘记这一件事的！

大典散佚在外二十余年（指清末一段时间而言），有很多落在收藏家和书贾手上，美国的国会图书馆、大连前满铁图书馆和日本东洋文库，都纷纷派人来上海北京和古董鬼勾结，愿出重价收买大典。到民国成立，这班外国人更利用新旧军阀的无知，居然明目张胆，在国内大事搜集，政府也一任他们威吓利诱，捆载而去（到1949年，美国还通过它的代理人把前燕京大学图书馆收藏的一册《永乐大典》运走）。

现在中国所藏的《永乐大典》，据不完全的统计，约为二百二十六册，这个数字包括一九五一年六月，苏联列宁格勒大学、东方学系图书馆，把帝俄时代遗留下来的十一册送还中国；一九五四年，苏联科学院又把大典梦字韵的一册送还；一九五四年六月，列宁图书馆把原藏满铁图书馆的五十二册送还；一九五五年十二月，东德送还的三册；商务印书馆董事会捐献的二十一册；北京大学图书馆五册；民国时期南京中央图书馆六册；民国时期中央研究院历史语言研究所二册（以上两处八册今存台湾）；私人收藏十五册（分散在京、津、沪、粤等地。又一九五三年十月，广州文物保管委员会工作人员郑广权先生，将他私人所藏《永乐大典》卷之八千九百七十八〔二十尤韵的〕一册，献给国家。这一本或在此十五册之内）；单在北京图书馆就有二百一十七册。

读者也许久闻《永乐大典》之名，但不容易有机会看见，我现在找到一册有图画的影印本翻印于此，给读者欣赏一下。这本《永乐大典》是第四百八十五、四百八十六卷，书名《忠传》。画的是古代的忠臣，旁边有文字说明，文字很浅显。例如插图中讲的是诸葛孔明，最后一句是“谥（音示）忠武侯”，在“谥”字之下还加上“音示”二字，可见当日的儒臣是照着民间流行的平话照抄的。

这本《永乐大典》是商务印书馆的涵芬楼所藏的二十一本中之一，在民国初年所买的（当时一共买入十册），民国六年（1917）收入《涵芬楼秘笈》第一集第一册。有孙毓修跋云：

《永乐大典》卷四百八十五下半至四百八十六为《忠传》，不著撰人，文渊阁书目亦不载……四库附存其目，注云：“《永乐大典》本，明初人著，四卷，今所存大典一册，文臣自子产至归旸止，而无武臣，当非完书。”四库存目中书流传绝少，《永乐大典》更稀如星凤，虽属残卷，亦足珍也。其书以流俗本马融《忠经》为主，仿宋人平话体，引史事以阐演之，每事皆有画像。前辈谓大典录宋元平话小说甚多，馆臣钞辑遗书，非朝旨所及，皆未录进，仅见此耳。……

现在我谈一下北京图书馆那二百一十七册永乐大典的来源。民国元年（1912），教育部从各处搜集到的大典残帙共六十四册，移交北京图书馆的前身京师图书馆。这就是北京图书馆最初所有的六十四册大典的由来。这个时期的前后，流散在民间的大典还不少，在民国十七八年间，北京图书馆在各处搜买了三十一册，连原有的一共有九十五册了。

民国二十一年（1932），当时的政府和日本签订了《塘沽协定》，出卖平津华北，将整个华北放置在日军监视控制之下，政府决心放弃华北，只是把故宫博物院的文物迁往上海托庇于租界，北京图书馆也在上海成立办事处，所存大典，大部分运去上海贮藏。

民国三十年（1941）太平洋战争爆发前，北京图书馆上海办事处将《永乐大典》六十册（还有其他珍本书）运往美国国会图书馆寄存，这六十册一直到今日还在美国。所余三十五册，分藏北京上海两处，到日寇投降后，才又回到北京图书馆。

北京图书馆在民国三十四年至三十八年（1945～1949）先后从北京天津买进十一册。于是北京图书馆这时就有一百〇六册了。

在最近的两年内，北京图书馆又添买了大典四册。一九五〇年四五月间，该馆的顾子刚先生捐献了三册。这三册据说是徐世昌送给他的从弟徐世章之物，顾君在天津买得的。还有一册是一九五一年七月北京文物局在琉璃厂富晋书社购得，送给北京图书馆保存的。

商务印书馆那二十一册是一九五一年七月捐献给政府的。到一九五七年四月止，连同苏联、东德所送还的大典，北京图书馆共藏有二百一十七册。流在外国公私图书馆的大典约一百五十八册，合共存在天壤间的大典约三百七十五册（这是不完全的统计），比起全部缮写告成之时的一万一千九十五册，才得百分之三的残存，真是文化界一浩劫！

《四库全书》与七阁

《四库全书》是中国一部继《永乐大典》之后的巨著，《永乐大典》到今所存，已不足百分之三了，但《四库全书》还幸喜有三部齐全的。

关于《四库全书》的评议，是好是坏，我不想在这里讨论（因为清高宗编这部书时，确实有“焚书”之意存乎其间的，又所收的书也有问题，有很多好书都不收，时时“以人废言”，不收其著作，前人论者已多。这是它的不良之处，至于好处也不少。不过两相比较一下，则坏影响仍然多过好影响。好得现在我们这一辈的人，不易受到影响了），我只想把这部大书的过去与现在，及贮藏它的七阁（在北方的叫北四阁）的一般情形介绍给读者。

乾隆三十八年（1773）二月，四库馆正式成立，就展开编辑《四库全书》的工作。它的组织设正总裁官十六人，副总裁官十人，总阅官十五人，总纂官三人，总校官一人，还有其他缮书处分校官一百七十九人等，合共三百六十八人。清高宗下令各省进书，连同内府所藏的一并交四库馆编辑，然后抄成一部书。那时候的印刷条件不十分完备，所以《四库全书》完全是抄本，到一九三五年才有商务印书馆影印的《四库全书珍本初集》问世，我们现在所能见到的，多数就是影印本。

《四库全书》的分类，是以经、史、子、集为别的，所以叫做四库。它所著录的书，凡三千四百七十部，共七万九千一十八卷；存目之书（即四库不收的）凡六千八百一十九部，九万四千零三十四卷，比著录的书更多。《四库全书》共缮七份，部数、卷数、册数、页数，各不相同，以北京文津阁（今藏北京图书馆）那一部来说，则为三万六千三百册。

这部书浩如烟海，编辑需时，清高宗生怕自己短命，看不到它完成，所以在四库馆组成之日，又下令编一部《四库全书荟要》，以期速成。他御制诗中小注有说到《四库全书》和《四库荟要》二书，共六万多册，只花十年功夫就写完，现在把原文引出来，以见一斑（人们多知《四库全书》，但《四库荟要》就少人知了）。

按明《永乐大典》一万一千九十五册，凡五年书成；今《四库全书》每部三万六千册，又《荟要》每部万二千册，自癸已（乾隆三十八年）至今壬寅（乾隆四十七年）将及十年间，《荟要》两部及《全书》第一部共六万册，均已蒇事、装璜贮阁，较之《永乐大典》数多五倍。又按《涌幢小品》载，编辑供事者共二千一百六十余人，今纂修誊录等不过千人，而五年期满，即予甄叙录用，是以人皆踊跃，事半功倍。

现在《四库全书》还存有三部，但《四库荟要》只存一部而已（另一部在庚子一役，外国军队占紫禁城时失去），这一部可贵的孤本，也随文渊阁的《四库全书》去了台湾了。

《四库全书》第一份在乾隆四十六年（1781）完成，这一部就藏在大内的文渊阁（内廷所贮《四库全书》的四阁，皆仿天一阁之制），后来陆续写成三份，放存圆明园的文源阁，沈阳的文溯阁，热河的文津阁。这四阁的书只许“皇家”阅读，人民是无此眼福的。大概是清高宗过意不去罢，不知怎的心血来潮，念江浙为人文渊薮，居然下令再缮写三份，分藏扬州大观堂的文汇阁，镇江金山寺的文宗阁，杭州圣因寺内的文澜阁。

圆明园的文源阁，已被英法联军一把火烧个干净了，热河文津阁的《四库全书》已移交北京图书馆，文渊阁的《四库全书》现在台湾，金山寺文宗阁与扬州文汇阁毁于外兵之手，沈阳文溯阁《四库全书》，于九一八事变（1931 年）后被日本寇兵劫去。文澜阁在太平天国战役中大有损坏，失书也不少，但后来丁申、丁丙兄弟补抄所失，几乎恢复了原来面目。现在其所藏《四库全书》存浙江省立图书馆。

乾隆六十年（1795），扬州人李斗的《扬州画舫录》说到扬州文汇阁的情形，现在我摘录一些出来，以见一斑。

御书楼在御花园中，园之正殿为大观堂。楼在大观堂之旁，恭贮《钦赐图书集成》全部，赐名文汇阁，并“东壁流辉”匾。壬子（乾隆五十七年）间，奉旨：“江浙有愿读中秘书者，如扬州大观堂之文汇阁……皆有藏书，著四库馆再缮三份，安贮两淮……文汇阁凡三层……楹柱之间，俱绘以书卷。最下一层中，供《图书集成》，书面用黄色绢。两畔橱皆经部，书面用绿色绢；

中一层尽史部，书面用红色绢；上一层左子右集，子书面用玉色绢，集用藕色绢。其书帙多者，用楠木作函贮之，其一二本者，用楠木板一片夹之，束之以带，带上有环，结之使牢。

乾隆末年文汇阁的情形如此，四十五年后，有一个叫麟庆的满洲人，于道光二十年（1840）曾入阁观书，他的《鸿雪因缘图记》中，有《文汇读书》一段，可与李斗所记的参证。

阁下碧水环之，为卍字河，前建御碑亭，沿池叠石为山，玲珑窕窈，名花奇树掩映修廊。庚子三月朔，偕沈莲叔都转，宗敬斋大使同诣阁下，亭榭半就倾落，阁尚完好，规制全仿京师文渊阁。回忆当年充检阅时，不胜今昔之感，爰命董事谢奎启阁而入，见……（与李斗两记之书面绢色相同）共计函六千七百四十有三。谢奎以书目呈，随坐楼下详阅。得钞本。《满洲祭天祭神典礼》、《救荒书》、《熬波图》、《伐蛟捕蝗考》、《字孳》等书，嘱觅书手代钞。所惜余先百计购求五世祖存斋公所著《琴谱》十六卷，曾奉旨采入四库全书者，满拟此行如愿，讵亦未经颁发，岂以两汉合璧之故耶？姑志以俟考。

到今日，七阁中，止存下北京故宫的文渊，热河避暑山庄的文津、沈阳故宫的文溯、北四阁只存三阁；南方的三阁，只存杭州的文澜。文溯阁《四库全书》最早于民国三年（1914）运京，存在保和殿。热河文津阁的则于民国四年（1915）由内务府运归北京，藏在古物保存所，于是北京一时就有三部《四库全书》了。到民国十四年（1925），奉天教育界人士拟办图书馆，由杨宇霆电教育总长章士钊索还，经过阁议后，于八月五日点交奉天省教育会会长冯子安查收，运回沈阳。六年后，竟落在日寇手里。

日本投降后，我国向它索取，日本置之不理，现在想起来真是可惜！

四库七阁的建筑，圆明园的文源，金山的文宗，扬州的文汇已经毁了，只有其他四阁岿然尚存，而且近年已修缮一新，这是令人欣忭的事。

范氏天一阁

中国现存最古的一家私人的图书馆，是宁波的天一阁。它是明朝嘉靖年间范尧卿（钦）所创设的，到今日将近四百年了。范钦是嘉靖十一年（1532）进士，当他在江西袁州任知州时，曾以事忤严嵩之子世蕃，世蕃想大骂他一顿，严嵩连忙阻止道："这个人曾忤武定侯郭勋的，是一个不怕权贵的人，你和他计较，反使他得名，就算了吧。"因此范钦免于难（见《甬上耆旧传》）。后来范钦做到兵部侍郎，辞职回乡后，在宁波的月湖深处盖了几所房子为终老计。现在的天一阁，就在月湖的西边范宅之东，还保存着三百九十年的建筑形式。

天一阁所藏的书，在清嘉庆八九年间（1803～1804），阮元做浙江学政时，曾命范氏子孙登阁分橱编写书目，共有书五万三千余卷，都是明朝天启以前旧本，明末及清朝的书，一概不收，这是阮元所作《天一阁书目序》中所说的。一九五三年，政府锐意复兴天一阁藏书，清查之下，所存图书不及从前五分之二。为什么有这样大的损失呢？主要原因就是经过鸦片战争一役，外兵进入宁波，大肆破坏，天一阁很有损失，后来太平天国战争，也有损坏。到民国初年，更有匪人勾结书商，把天一阁的书偷了一千多卷，运到上海，后来打官司虽然得胜，但范氏后人拿回的书也有限。

近几年，政府拨巨款修好天一阁，又买了附近民房一所，扩大了天一阁的范围。图书楼楼上楼下分为六间，楼上那六间又合而为一，中间用书橱隔开。现藏的珍本书约有一万七千余卷，共一千五百多种，多是宋元明的刻本，分经史子集四部，而以史为最多。最名贵的是宋朝的《登科录》（即殿试中式的进士人名录），天一阁共藏有好几种；另外明朝的《登科录》，从开国起以至崇祯朝止，共有三百七十四种，这是很可宝贵的历史资料！

现在的天一阁是一家公开的私人图书馆。研究学问的人，如果要参考那里的珍本书，天一阁可以代他摄影寄去的。管理人是范其鹿先生，政府不止帮助他扩大了天一阁的范围，并且出巨资陆续收回散失了的书。

在海禁未开以前，外国势力未深入内地，天一阁的书还保存得相当好，没有什么大损失；外国势力来了后，范氏所订藏书的章程，也不能发生作用了。据说范钦得到同郡丰道生的藏书（丰氏藏书始于南宋，如果我们追溯天一阁藏书，也可说始自宋朝了），就建筑天一阁，范钦活到八十三岁死了，他的各房子孙共同订立章程：（一）阁门和书橱的锁匙，分房收掌；（二）书不能拿下楼；（三）非各房子孙到齐不开锁；（四）私领亲友入阁及擅开橱者，罚不许参加祭祀一年；（五）子孙无故开门入阁者，罚不许与祭三次；（六）擅将书借出者，罚不与祭三年，因而典卖者，永远不许参加祭祀；（七）不得焚灯火食物入阁。条例如此之严，所以阁中的书才能保存三百多年而不散失。不过，立法太严，外人固然没有机会去看书，就是范氏子孙也不敢随便登阁，他们生怕失了书，得罪先人，索性把天一阁锁起来，大好图书，不予利用，那是很可惜的。据全祖望所作的《天一阁藏书记》说，范钦死后，他的两个儿子分家，兄弟以为书不能分，就另外拨出万金，看谁要书，谁要金，结果次子欣然受金而去。全氏慨叹“今金已尽，而书尚存，其优劣何如也！”这是可教人深省的，但不足以语于今之世人矣！

天一阁的命名，也颇可记。据说，范钦在筑阁时，凿一池于其下，环植竹木，当时还没有打算给阁命名。有一天，他偶阅碑板，忽见元人揭傒斯所写的“吴道士龙虎山天一池”石刻，碑阴有记，范钦大喜，以为适与是阁凿池之意相合，因此就命名天一阁。

清高宗修《四库全书》，筑七阁珍藏，在内廷的文渊、文津、文源、文溯四阁，称为北四阁，完全是仿天一阁的样式建造的。乾隆三十九年（1774），清高宗令杭州织造寅著亲往宁波与天一阁主人范懋柱相见，实地调查天一阁的建造形式和书架的构造，绘图呈览。后来寅著覆奏，把天一阁的情形说得颇详细，现在摘录如左：

天一阁在范氏宅东，左右砖甃为垣，上下俱设窗门。其梁柱俱用松杉等木。共六间，西偏一间安设楼梯，东偏一间，以近墙壁，恐受湿气，并不贮书。惟中间三间，排列大橱十口；内六橱、前后有门，两门贮书，取其透风。后列中橱二口，小橱二口。又西一间，排列中橱十二口。橱下各置英石一块，以收潮湿。阁前凿池，其东北隅又为曲池。传闻凿池之始，土中隐有字形，如“天一”二字，因悟“天一生水”之义，即以名阁。阁用六间，取“地六成之”之义。是以高下深广，及书橱数目、尺寸，俱含六数。特绘图具奏。

内廷四阁仿天一阁建造形式，可见一斑。一百多年前，阁前有一株芸草，据说书中夹有芸草一叶，永不生蠹。道光十四年(1834)，满洲人麟庆得阁主允许，入阁观书，曾见宋朝进士题名录，知朱子小名沈郎，五甲进士（宋时殿试分五甲，明始分三甲），又有芸草一株，香尚馥郁云（芸草夹书不蛀，和英石收湿之说，未可深信）。从前入阁观书要有很大的面子才办得到，现在谁都可以进去了。

《会试录》与《登科录》

《会试录》和《登科录》，是科举时代的贡士、进士考取之后的人名录，颇类今日大学生毕业时，印行一本同学纪念册，把同时毕业的“同年”的姓名籍贯和相片印在书内，附有学校老师的姓名，或附印一些纪念文字。不过《会试录》与《登科录》除了没有小照之外，内容似乎比同学录的花样多一些。

考《登科录》之制，由来甚久，在唐朝时代，叫做《登科记》。据《唐会要》说，大中十年（宣宗年号，856）四月，礼部侍郎郑颢进呈进士诸家科目记十三卷，敕自今后放榜后，把及第士人的姓名，交官厅逐年编次成书。王定保《唐摭言》云：

永徽（唐高宗年号，650—655）以前，俊、秀二科犹与进士并列；咸亨（亦高宗年号，670—673）之后，凡由文学一举于有司者，竞集于进士矣。由是赵傪等删去俊、秀，故曰《进士登科记》。……

因此，高承的《事物纪原》就说，《登科记》之始，疑在唐朝初年就有了，后来独以进士登科名记，当起于高宗时代的赵傪。这大概是不错的。总之《登科记》这类的书，始自重进士科的唐朝，当然不误（由汉至隋皆重孝廉、秀才二科，自唐始，进士科兴，而前二科废矣）。

至于《会试录》，恐怕是明朝初年才有的，因为会试之名，始见于明洪武四年（唐朝有考功试、礼部试，宋朝有省试然后加以殿试），洪武十七年（1384），颁科举定式、子、午、卯、酉年乡试；辰、戌、丑、未年会试，一直行了五百年，到清光绪三十年（1904）才废止。

这两种人名录可说是《进士录》是仿唐初的雁塔题名，而《会试录》又是仿《进士录》的。

现在我要谈的是清朝《光绪二十九年补行辛丑壬寅恩正并科会试录》和《光绪二十九年进士登科录》。这次的会试和殿试，是在光绪二十九年（1903）癸卯举行，补行光绪二十七年（1901）辛丑会试正科，二十八年（1902）壬寅恩科的。

《会试录》第一页是《会试录前序》，序文是正考官大学士孙家鼐写的。以下就是各考官的衔名，计有知贡举兼铃榜官二员，一是热河都统松寿；一是调任广东巡抚的河南巡抚张人骏（张调任广东，而陈夔龙补其缺）。考试官四员：正孙家鼐，副顺天府府尹徐会澧，刑部尚书荣庆，吏部右侍郎张英麟。同考官十八人，其中有夏孙桐、王乃徵、恽毓鼎、华学澜等知名之士。以下列举各官员职衔，共百余名，不录。

接着就是会试题目。会试共分三场，此时已废八股文而用策论。先载第三场钦命题目（会试第三场题目，例由皇帝出），第一题是“敬事而信，节用而爱人义”，第二题“故为政在人，取人以身义”，第三题“化而裁之谓之变，推而行之谓之通，举而措之天下之民谓之事业义”。第一场题目是“管子内政寄军令论”、“汉文帝赐南粤王赵佗书论”等五题。第二场策题亦五题。

再后就是“中式各直省贡士三百六名”的人名。第一名（会元）周蕴良，下开“浙江会稽县禀生”。第三名杨兆麟在殿试时也点了第三名（探花），是一九四九年逝世的一位学者。达官叶景葵（浙江仁和县附生）中在第七名，诗人陈曾寿第十二名，书画家曾熙第十五名，古文家钱振锽第十六名，后来为吴永笔录《庚子西狩丛谈》的刘焜（浙江兰溪县优贡生，壬寅浙江解元）第二十二名，徐谦第三十三名，殿试中状元的王寿彭第三十七名，殿试点了榜眼的左霈七十九名，袁嘉榖一百三十六名（后来经济特科袁取第一，云南向无状元，云南人士呼之为同状元，聊以慰情，可见当日科举中人之深也），陈敬第（叔通）第一百九十名。他们后来都是国中知名之士，上举诸人，现在只有陈叔通先生还健存，正在为国家效力。

最后登刊会元周蕴良第一、二、三场的文章十三篇，每篇之末，都注明考试官某某阅荐，考试官三人批取，正考官孙家鼐批中。最后殿以《会试录后序》三篇，是那三个副考官分别署名的。全书七十一页，黄封面，题“会试录”三字，下题“光绪辛丑壬寅恩正并科。”

《光绪二十九年进士登科录》，第一页第二行刊“玉音”二大字，突出格外，接着就是礼部尚书世续等“奏为殿试事，会试中式举人三百十五名（本来只三百六名，因有九名是补行殿试的），五月二十四日殿试”云云。接着就是奉旨派出的读卷官八人的姓名，计：张百熙，裕德、溥良、陆润庠、陈邦瑞、戴鸿慈，刘永亭、张仁黼。以下是监试官四员，受卷官四员（梁士诒即其中之一），弥封官六员（陈伯陶、夏孙桐在其中），收掌官四员，印卷官二员，填榜官十二员的职衔。

以下刊登御试题，紧接着就是状元王寿彭的对策，榜眼左霈、探花杨兆麟的对策。以后就是登进士的人名。第一甲三名，赐进士及第王寿彭、左霈、杨兆麟三人的姓名、籍贯，三代及乡会试名次。接着是"第二甲一百三十八名"，赐进士出身，第一名（传胪）黎湛枝（广东南海人）。"第三甲一百七十四名"，赐同进士出身，第一名牛兰。

全书八十页，封面与《会试录》同。这部《会试录》与历科会试大有不同。（一）向来会试是在北京贡院举行的，但这一科却在河南开封贡院，因为《辛丑条约》中规定"诸国人民遇害被虐之城镇，停止文武各等考试五年。"所以我们就借汴闱举行，洋人也无如之何。（二）这一科的会试，是"爰变有明旧制，以策论经义取士"（孙家鼎序文语），是废八股后的第一次会试，下一科甲辰（光绪三十年）恩科会试，是最后一次会试，从此就把千余年的科举制度废了。

我所藏的这两部书，是这一科的翰林邵章先生的。先生为清代大儒邵位西文孙，前几年才在北京逝世。除此两部外，尚有《会试同年齿录》一部，三部书共一套。《年齿录》四册，古铜纸封面，黄签条。每册封面，邵先生都把进士的名字写上，以便检查。邵先生死后，陈叔通先生向其后人索取赠我。另有《壬寅乡试同年录》、《壬寅浙江乡试同年录》，都是邵先生遗物，陈先生举以为赠，至可感。

赵飞燕玉印

汉朝赵飞燕玉印，是我国二千年著名的文物。它不止在金石、文字、考古上有很大的价值，就是和我们广东也有过短短几年的因缘。此印现藏山东潍县陈氏十钟山房。陈氏藏印为我国近代巨擘，他收藏的古印约七八千方，名其楼曰“万印”。楼主陈介祺（号簠斋，精于金石文字，在清朝咸丰同治年间，大力购买金石，保存文化之功不可没）是道光帝宠眷的大学士陈官俊之子，他一面在京做官，一面搜购古物，数十年间，收藏遂富。民国初年，他所藏的古印已为其子孙押于北京某银行。一九三六年，宋哲元主持华北，有意以公款购买这一批古印，就吩咐把这批印朱钤一部给他看看。其实宋哲元对于金石是不懂的，钤成后，不过交给他的幕府中人去请一班金石家代他定下一个价钱罢了。

陈氏这批印百分之九十九是汉印（1923 年商务印书馆影印行世，名曰《十钟山房印举》，久已绝版，现在要买一部也要二三百元港币的)，数量又这么多，非有一年工夫是钤印不完的。初时他们把印拿到中山公园的董事会去钤印，我和杨千里也托吴剑华（余绍宋的学生，能书画）选择一部分最精采的各朱拓了十本。我那十本，在香港沦陷期中失去了，杨千里的还存在。今年五月我到上海见了千里，他便把这十本印谱相赠，以补我的损失。我因为已有影印本，就婉谢他了。当日杨千里在宋哲元幕府中做参议，宋哲元请千里估价，千里认为平均计算，每一印五元也差不多了。但陈氏后人以为价钱太过便宜，于是公家收买之说暂且不提，只是便宜了我们天天得以去偷盖。后来华北风云日恶，宋哲元无心于此，这件事便打消了。这是二十年前华北地方政府欲收买万印楼藏印的经过。后来日本军阀占了华北，这批印的下落如何，我不十分清楚，听说现在还存在北京。

这批印中，有一方赵飞燕印，最为人注意，当时我曾拓印了几份，送朋友后，现在还剩有一份，晨夕把玩，也是人生一乐。关于此印的制作，吴兰修集中有题此印诗序云：（吴字石华、嘉应人、嘉庆间举人，道咸间著名金石家，曾居阮元幕府)

玉印径寸，厚五分，洁白如脂，纽作飞燕形，文曰："婕伃妾赵"四字。篆以秦玺，似独以鸟迹寓名。嘉靖间藏严分宜（即严嵩）家，后归项墨林，又归锡山华氏及朱竹垞家，最后为嘉兴文后山所得，仁和龚定庵舍人以朱竹垞所藏宋拓本《娄寿碑》相易，益以朱提五百，遂归龚氏。此册乃何梦华所拓也（何梦华杭州人，乾嘉间之金石家，收藏甚富)。

其诗云："碧海雕搜出汉宫，回环小篆字尤工；承恩可似绸缪印，亲蘸香泥押臂红。""不将名字刻苕华，体制依然出内家；

一自宫门哀燕燕，可怜孤负玉无瑕”。“黄门诏记未全诬，小印科封记得无；回首故宫应懊悔，再休应问赫蹏书。”“锦裹檀薰又几时，摩挲尤物不胜思；烟云过眼都成录，转忆龚家娄寿碑。”（按：《娄寿碑》后归翁同龢，海内孤本也。）

龚定庵藏古器物，有“三秘，十华，九十供奉”的名目。居首之“三秘”，赵飞燕玉印就是第一位（其余为秦代天禽四首镜及唐石本大令《洛神赋》），可见他对此印是怎样的踌躕满志。他得此印是道光五年（1825）乙酉，他在昆山买得清初徐健庵尚书的园亭，打算筑楼三层来收藏他的古物，最高一层，名叫宝燕阁，由姚元之题额，赵印即藏其中。后来定庵因为赌输了钱，把印抵押去了，结果阁也没有筑成。后来印为潘仕成所得。

《定庵文集》破戒草有诗四首记其事，题云：“乙酉十二月十九日，得汉凤纽白玉印一枚，文曰‘婕伃妾赵’，既为之说载文集中矣，喜极赋诗，为寰中倡，时丙戌上春也。”诗曰：

寥落文人命，中年万恨并。天教弥缺陷，喜欲冠平生。掌上飞仙堕，怀中夜月明，自夸奇福至，端不换公卿。

入手销魂极，源流且莫宣。姓疑钩弋是，人在丽华先。暗寓拼飞势，休寻象德篇。定论通小学，或者史游镌（自注，孝武钩弋夫人，亦姓赵氏，而此印末一字为鸟篆，鸟之喙三，鸟之趾二，故知隐寓其号矣。《象德篇》班婕伃所作，史游作急就章，中有绨字，碑正作婕，史游与飞燕同时，故云尔）。

夏后苕华刻，周王重璧台。姒书无拓本，姬室有荒苔。小说冤谁雪，灵踪闷忽开（自注：尝论《西京杂记》出六朝手，所称汉人语多六朝语，未可信，客曰：得印所以报也）。更经千万寿，永不受尘埃（自注：玉纯白不受土性）。

引我飘飖思，他年能不能。狂胪诗万首（自注：拟遍微寰中作者为诗），高阁供三层。拓以甘泉瓦，燃之内史灯（自注：内史第五行灯，亦予所藏）。东南谁望气，照耀玉山棱（自注：予得地十笏于玉山之侧，拟构宝燕阁他日居之）。

考定庵得此印时，寓北京上斜街，时为道光五年（1825）。到道光十一年（1831）十月，定庵以二千二百两将屋子卖给广东番禺人潘仕成。后来仕成归广州，即以此宅捐赠为番禺会馆，即今日北京的番禺会馆也。定庵与仕成很有交情，卖屋所写的契有“凭中说合，情愿卖与潘德畬（仕成之字）二兄处”，可证，定庵此印怎样流入潘仕成手中。我现在还未找到可靠的资料可以说明，但绝不会是仕成在京时，定庵卖给他的。

定庵死后，他的收藏品有很多流出市面，北京上海一带，时时有他的藏品出现。那时候，潘仕成在广州正在大花钱买古物，北方的文人，书画经纪到了广州，潘仕成就招呼他们在海山仙馆里居住。又有一班篆刻家来广州卖艺，都住在潘家为上客，他们影响广东的印学甚大，赵飞燕玉印，大概就是这班人带来广州卖给潘仕成的。咸丰年间，徐康所写的《前尘梦影录》就说过这颗印“今藏海山仙馆”了。到光绪廿二年（1896），江标刻《灵鹣阁丛书》时，他说光绪十四年（1888）他在广州时，还亲见到潘氏藏赵飞燕玉印的檀匣，四面刻字几满，而印则不知何在，可见此印在光绪初年已不在广州了。潘仕成盐业失败后，此印归高要人何昆玉，后来也拓在他的《古玉印存》里。同治十一年

（1872），昆玉带了他所藏的吉金斋藏印二千七百余颗到北京卖给陈介祺，赵飞燕玉印也在内。陈介祺在光绪九年（1883）第二次朱拓所藏的汉印，成《十钟山房印举》，赵飞燕玉印也在其中。此印的刻法及形制，确是汉朝之物，久已为考古家、金石家承认的。

李廷珪程君房方于鲁制墨

中国以制墨享大名的人有唐朝的李廷珪，到明朝又有人所共知的程君房、方于鲁（李廷珪后也有不少以制墨著名的人，不过没有程、方二人那么大名罢了）。现在谈谈这三个人制墨的故事。

李廷珪是唐僖宗时人（874～888），据说他本姓奚，原是易水人，逃到南方，就在安徽歙县落籍，所以变做安徽人了。唐朝的皇帝见他制墨有成绩，就赐他姓李。

廷珪父子都是制墨世家，他所制的墨，形状很多，有圆饼龙蟠的，有像弹丸的。据前人记载，李廷珪制墨一笏的原料，要用珍珠三两，玉屑一两，和以生漆，捣十万杵，所以制成之后，坚如铁石，放在蓄水池中，经年不坏。李廷珪所制的墨，到今已一千多年，北京故宫博物院就藏有一笏，乾隆帝在生时，把它当作宝贝，特制一个精致的漆匣装着它，盒上还题了许多字呢。

明朝初年，距李廷珪时代不过六百多年，据吴郡人马愈所作的《马氏日抄》说，他在明英宗时，曾在英国公府中见李廷珪墨一笏，他认为世间还哪会有李廷珪的墨，所以不大相信。主人说，此墨出自内廷，就算不是李廷珪墨，也必定是好墨，不妨一试。马愈只好拿那笏墨向建安瓦砚上磨一下，墨坚如铁，瓦砚给划伤了。这时候马愈才信是真品，因为李家墨虽然经过了几百年，其刚硬一如新制，磨时要先作准备，假如要磨半分左右，先一晚把水浸墨身半分，第二天磨时才不会伤砚的。制墨的功夫达到此境，真是出神入化，不能不叫后人佩服我们祖先的绝技了（日本的正仓院，到现在还藏有唐明皇开元四年（716）的贞家墨和同此时期新罗所制的杨家墨。据见过的人说，这两笏墨简直就和鱼脯一般）。

明人制墨，代有名手。到万历年间，程君房、方于鲁一出，几乎集制墨的大成，前人的研究所得，他们都发扬光大，在我国美术史中写下光辉的一页（较他们早一些时候的有罗小华，名龙文，也是徽州人，家富厚，善鉴赏。后入严世蕃幕，以严党弃市。沈德符的《万历野获篇》说，小华的墨在万历年间已很值钱，人们用马蹄金一斤想买他所制的墨一两也不容易到手，沈是万历间人，所说或不虚）。

、程君房、方于鲁同是徽州人，方于鲁初名大激，改名建元，汪道昆与之联姻，招入丰干社，极力替他宣传。于鲁能诗，著有《佳日楼集》（万历三十六年（1608）刊本，为明人集中最难得之书）。程君房字幼博，又字大约，他和方于鲁的关系极深，后来闹翻了。

方于鲁著《方氏墨谱》六卷，首列同时诸人投赠的诗文，下分国宝、国华、博古、博物、法宝、鸿宝六类。上自符玺圭璧，下至杂佩，凡三百八十五式，摹绘甚精，各系以题赞。程君房也著《程氏墨苑》十二卷，分元工，舆地、人官、物华、儒箴、缁黄六类，与方于鲁争名（这部书是万历年间彩印本，也有墨印的。郑振铎先生说这部书“彩色者近五十幅，多半为四色、五色印者。今所知之彩色木版画，当以此书为嚆矢”，见《劫中得书记》）。

后来程君房托太监把他的墨进贡给明神宗，方于鲁知道了，恨之不已。恰好程君房因杀人入狱，方于鲁乘机报复，极力陷之，君房绝食死狱中。据姜绍书的《韵石斋笔谈》说，程、方二人制墨，互相角胜，于鲁微时，曾在君房处当学徒，学制墨之法，食宿在程家。程君房有一妾颇美丽，程夫人妒甚，把她逐出。方于鲁久慕弃妾之色，托媒婆辗转把她谋娶，程君房就在官府告他一状，两人因此有隙。不久，程君房以杀人嫌疑入狱，疑方于鲁陷害，大骂于鲁为中山狼。

程君房制的墨在明朝已名重一时，方于鲁后来得他的制法，也大有改进。据说方于鲁制墨不取豨膏而取桐洞，和墨不用漆而用广胶，解胶不用梣皮而用灵草汁，所以他的墨出世，也为人所重。

我在北京时，以收藏古墨著名的袁励准逝世，马叙伦、陈汉第两先生曾买得他所藏的明墨数笏。据马先生对我说，他共买得程君房、方于鲁所制的各二笏，以程制的为最好，研时不起泡，墨色如漆而入纸。方于鲁制的虽然也好，但研起来有泡，不知何故。马先生疑为漆重。

叶小鸾眉子砚

《龚定盦别集》，无著词选，有天仙子一阕，自赋所藏叶小鸾眉纹诗砚，词云：“天仙偶厌住琼楼，乞得人间一度游，被谁传下小银钩。烟澹澹，月柔柔，伴我薰香伴我修。”邓之诚先生评以“语意呆滞，殊乏缠绵之意，辱此砚多矣!”诚然。定盦得此砚于道光年间，列入《九十供奉》之内，视为珍秘。

小鸾，江苏吴江人，字琼章，一字瑶期。她的父亲绍袁是明朝遗老，字仲韶，号天寥道人，天启间进士，官工部主事。他不大喜欢做官，后来辞职回乡，其妻沈宛君，有诗名。他们共有五子三女，个个都有才学，小鸾年最小，又是诗才最高的一个。他们一家人时时唱和，天伦之乐无穷。满洲兵下江南，绍袁弃家为僧，自号粟庵，著有《湖隐外史》、《甲行日注》等书。小鸾许字昆山张氏，将嫁而卒。据传她死后七日才入殓，殓时浑身轻软，家人都以为她仙去了。

眉子砚是叶小鸾的疏香阁诗砚，椭圆形，长二寸七分，广一寸六分，高四分，形如半弯新月。侧镌“疏香阁”三字，背镌：“舅氏从海上获砚材三，琢成分贻余兄弟，琼章得眉子砚”二十二字，真书。缀以二绝云：“天宝繁华事已陈，成都画手样能新。如今只学初三月，怕有诗人说小颦。”“素袖轻笼金鸭烟，明窗小几展吴笺。开奁一砚樱桃雨，润到青琴第几弦。”下署曰：“己巳寒食日题”，印章“小鸾”二字。此诗《反生香集》中失载（叶恭绰先生令祖南雪先生，曾刻《反生香集》，我未见过）。小鸾死于崇祯五年（1632）十月，年十七岁，己巳是崇祯二年（1629），写此诗时，年才十四岁。

眉子砚迭经名人收藏，所题的文字，多到不可胜数。这小小的一方端砚，因女诗人是江苏人，又曾经为广东人收藏而成为这两省的著名文物了。

广东人最先收藏眉子砚的是陶绥之。绥之原籍浙江会稽人，篁村先生之侄，他的祖父曾为广西知州，所以绥之就寄籍番禺。他得到眉子砚后，遍请名人题咏，集成一册。后来此砚归梅县人吴兰修，题疏影一阕云：

三生片石，有黛痕隐隐，依旧凝碧。字瘦如人，诗靓于春，都是可怜香泽，昙花悴后瑶琴冷，共一缕玉烟萧瑟。最伤心细雨樱桃，又过几回寒食。

犹记疏香旧事，小颦初画了，无限怜惜。煮梦年华，写韵风神，转盼已成今昔。彩鸾未许人间嫁，更莫问蓬莱消息。算只有眉月蝉娟，曾照那时颜色。

清道光廿九年（1849），大兴王佛云（寿迈，举人）在清江浦市上得眉子砚，因名所居曰“砚缘龕”。不久后，王佛云竟然得到一个机会到吴江做知县。吴江是叶小鸾故里，这真使王佛云大喜过望。下车后，立刻去访叶氏后人，画小鸾遗影，重修小鸾之墓，立碑于上，并刻《疏香阁遗稿》，即传世之砚缘盦刊本是也。集之末，附以同人题词，曰《砚缘集》。他从前得此砚名其斋曰“砚缘”，至此乃验。这也是文人一件乐事。集中有黄钧宰题北曲一折，甚为可诵，而常熟吴逸香女士的北曲一套，更为擅场。黄钧宰读后，评以“音节悲凉，风神绝世，晨夕讽诵，自愧弗如”。因请钱吉生作《听其图》以识向往。今读吴女士之作，确是“音节悲凉”，信为集中压卷。其词云：

尘海沧桑如过鸟，往事凭谁吊。仙云迹未消，千古伤心美人香草，一砚认前朝，是名媛当日闺中宝（步步娇）。有时对明窗，闲谱游仙调；有时卷疏帘，戏将眉叶描。你看樱桃开落几昏朝，又是寒食御风斜照。谁解道、升天成佛任逍遥，只怜她，昙花幻影增悲悼（醉扶归）。落日松陵古道，叹荒烟蔓草，遗坟萧条。桃花三尺艳魂销，垂杨几度啼莺老。春山翠黛，秋风野蒿，绿波明镜，罗裙细腰，珮珊珊应有芳魂到（皂罗袍）。遇这谪仙，读生香旧稿，一片石，珍似琼瑶。仙魂招取，把亭亭倩影描，又获得孤坟好，砚缘盦里怜才怀抱，仗海内诗篇，化幽恨销（好姐姐）。愁红惨绿知多少，谁值得才人倒，也算得是薄命青娥有下梢（尾声）。

近数十年，眉子砚已不知其踪迹，但广东有很多仿制的眉子砚，时在市面出现，可见广东文人是怎样珍爱这个才女的遗物（二十年前，叶小凤先生楚伧，曾重修叶小鸾之墓，近年不知如何。1956 年 5 月遇吴江杨千重先生于沪上，忘记询及）。

刻丝

中国有一种闻名千年的手工艺品，在近百年来已经日趋没落了，最近两年，才有点复苏的气象。那是什么东西呢？说起来，这个名字颇为生疏，它叫做缂丝，又称刻丝，是用丝绣成的美术品。

让我先把“缂”这个名字解释一下。《名义考》云：“缂，乞格切，织纬也。则缂丝之刻，本作缂，误作刻。”现在我为了方便排字起见，仍然用刻字，称为刻丝，即引用旧籍，凡遇缂字，也一律暂改为刻，只在下方注明，以存其真。

刻丝是怎样制造的呢？庄季裕的《鸡肋篇》说：

宋人刻（原作刻字）丝法，起定州，以熟色经于木梓上，随所欲作花鸟禽兽，收以小梭，织纬时先留其处，方以杂色线缀于经纬之上，合以成文不相连，视之如雕镂之象，故名刻丝。

把这段文字译成语体，那就是说，在经丝络成后，用小梭织上纬丝时，把图案的轮廓留出一线距离来，然后以彩色丝线

“刻”在预先留出的轮廓里面。所谓“刻”即是编织之意。二十年前，我在苏州见过工人织刻丝，所用的织机，和织布绸的织机一样，把经丝卷在两端的轴上，一面用脚踏，一面手织。小梭子很多，工人留心看画稿上需用的各种颜色来配上各种丝线，一梭一梭的织上去，而且要计算长短，从经丝里穿出穿进，一些儿都不能错乱。织成后，两面都是一样，这和顾绣大不相同。

刻丝的发明，远在唐末五代之时，定州的工人已能织成花草、人物、山水等图案了。到北宋中叶，刻丝的技巧大有进步，这时候，定州的刻丝最为杰出，苏州是比不上它的。南宋初年，刻丝制作已达到登峰造极的境地，家家户户都用织成的刻丝装潢成轴，视为珍贵的美术陈列品，现在影印在这里的一幅刻丝，就是南宋初年的成品。究竟是出于定州，抑是出于云间（今江苏松江县），现在尚不可知。宋高宗时，云间有名工朱克柔，他的成品最好，后人仿作都不及。

到了元末明初，刻丝工人继承了宋朝的传统，技巧更见圆熟，楼阁山水的图样都很紧密，用丝也比北宋初年的粗细杂用进步很多，已能使用细匀的丝了。

清朝中叶，产生了很多摹仿名人绘画来编织的刻丝，有时还用画笔来渲染，不一定纯用丝织。

影印在这里的一轴米南宫诗字刻丝，是清宫所藏的无价之宝，现藏北京故宫博物院。字迹精神饱满，简直像写成的一般，如果不说明它是刻丝，人们也许会误以为米南宫的真迹。轴上引首的“海岳庵”朱文印，及两名印都是丝刻的，其他散见各印，多是乾隆帝、嘉庆帝的收藏印。米南宫是北宋的大书画家，南宋人织他的字，能够这样传神，真是令人拍案叫绝。我常常说，中国有很多手工艺品，在世界其他各国也可能会有，不过技术有高下罢了，但刻丝这一种工艺，却只有中国人才会，任何外国人都学不到这种艰深复杂的技术。

现存的宋元明清刻丝还有很多，大都是装成挂轴，有些名贵的书画卷，往往也用宋明刻丝的一小段来做引首，以增加书画本身的价值。

今日的苏州还有一小部分工人做制刻丝，他们多是农人，以刻丝为副业。七八年前，苏州的刻丝工业是没有人留意到的，制成品也不容易卖出，原因是它的制作过程非常繁复，工夫很大，所以价钱很贵。又因为穷人买不起，而在都市的人认为这种老古董不够摩登，刻丝业便一落千丈。

六年前，华东当局在无锡举行苏南文学艺术界代表大会，会中曾提到苏州的刻丝工业。后来在苏州访寻到一个老工人王茂松。据他说，在苏州能制刻丝的工人只不过六十人左右，而且只能织些王母、寿星之类的老画稿，只有他本人还可以依照新画稿织些山水、楼阁、人物、花卉、鸟兽和各种字体。大会闭幕后，又找到一个老工人沈金水，他的刻丝技术和王茂松不相上下。现在这两个老工人正在传授给下一辈人这种惊人的绝技呢。

嘉定竹刻

我国江苏省的嘉定，一向就以刻竹著名，从明朝中叶已名闻国内了。刻竹的艺术，虽然是一种文玩和妇女的装饰品，但其中有很大的学问，如果那个人是鄙俗不堪的，一拿上手，人们就觉得那件作品不足观的。

近人柴小梵的《梵天庐丛录》（1926 年上海中华书局出版）卷二十八“嘉定竹刻”一条云：

嘉定以竹刻著，然今之陈肆列售者，率陋品。盖擅竹刻者，必兼工书画，有雅骨，不为利谋，而后所作乃臻妙境。若今之刻竹者，类皆不识字之伧夫，又迫于衣食，奏刀之际，第冀其速成易售，是以日劣。又藏竹难于藏磁、藏书画。磁易碎，然置之安全之地，无虞矣；书画易裂易烂，然藏之洁燥之地，无虞矣。若竹刻，燥则裂，润则蛀，是以弆藏不密固不可，弆藏过密亦不宜。须什袭于平时，而春秋佳日，则摩挲拂拭之。以人事之繁，孰能为此琐屑？故古之佳刻，亦尠流传矣。余尝见一笔管，长不盈三寸，以半截刻《秋林归鸦图》，古枝参天，落叶满地，树端数鸦，回翔欲集。气象清肃，其半截刻诗二律，笔画了不苟率。又见一水盂，大如拳，四缘回文，趾三，各承一赑屃，盂腹刻《兰亭修禊图》，茂林修竹，曲水流觞，诸贤衣褶分明，容态不一，书法逸少，绝似。

柴先生所见的两件竹刻文玩，不知是什么人刻的，他没有说明，但嘉定那些著名刻竹艺人，多不署名，高明的赏鉴家，一看就可以辨别出来的。

嘉定刻竹的开山始祖，是明朝中叶的朱鹤（字松邻），鹤的儿子缨，字清甫，人称之为小松，孙名稚征，字三松。三代祖孙都是读书人，操行完洁，他们并非以刻竹为生，只是以之为消遣罢了。

朱松邻赋性高洁，在生时，他是不肯轻易为人奏刀的，所以他的遗作不很多。他所刻的簪，精美绝伦，簪上的人物、山水、楼阁、鸟兽，无不栩栩如生。三十年前，我国妇女还没有普遍剪发，嘉定有一种装饰品，人们叫它“朱松邻”，就是妇女用的竹簪。因为是朱松邻制的最好，所以就以朱松邻之名来代表簪了。松邻不止工刻竹，还精于篆书，能刻印。

朱小松的技术，比他的父亲更进一步。他能仿吴道子的罗汉，刻一串念珠，笔锋极其细致，罗汉的须眉毕现，好像会行动一般。人们都说朱小松一出，就遮盖了他的父亲，朱三松出，又遮过了他的父亲。这是一代胜过一代的好现象。其实他们三代的作品，各有所长，后进的艺人，学先进艺人辛苦得来的技术与经验，然后发扬光大，又以之教后进，使后学的人有所遵循。最不好的是有人把先进的经验、技术秘藏起来，不肯传授给人，只许自己知道，有时只传给儿孙，碰到儿孙没有本事的，便一传而绝，那就不好了。我国有很多艺术就是因为这样而失传的，说起来很是痛心（例如明朝末年的苏州顾德麟，以琢砚名天下，传其艺于子，但他的儿子短命死了，于是他的媳妇邹氏尽传其艺，名更过于乃翁，人称顾二娘，她雕的砚，现在花千金也不容易得到一个真的。二娘死后，没有人传其技了。据说顾二娘只要用脚尖轻轻触一下那块石头，便知道砚材的好坏，如非端溪老坑石，她是不肯刻的）。

三松得到祖父的传授，可谓得天独厚，但他也不轻易为人奏刀，往往刻一把扇骨，或一臂阁（古人用以搁在腕下写字的），一年半载还刻不成。人们催他，他就生气道："我靠它吃饭的吗？"因此人们想得到他的精品，就不敢催问他。

以刻竹著名的，还有明末遗民濮仲谦，他的风节是钱谦益之辈所不及的。当他不高兴的时候，任你什么达官贵人，拿了黄金刀斧摆在他跟前，他也不肯动手给你刻一笔的。

明朝末年张岱《陶庵梦忆》说：

南京濮仲谦，巧夺天工，竹器一帚刷，竹寸耳，句勒数刀，价以两计。竹之盘根错节，经其刮磨，遂得重价，兼刻犀。

那么仲谦不止刻竹，还会刻犀角。钱谦益的《有学集》，有《赠濮老仲谦》诗云：

沧海茫茫换劫尘，灵光无恙见遗民。少将楮叶供游戏；晚向莲花结净因。杖底青山为老友，窗前翠竹似闲身。尧年甲子欣相并，何处桃源许卜邻（自注云：君与余同壬午）（案：壬午为明

神宗万历十年，公元1582年，仲谦与谦益同在这一年出生。谦益死于清康熙三年，公元1664年，仲谦何时逝世，俟考）。

谦益此诗作于清顺治五、六年之间，那么，仲谦在顺治初年尚还在世，他的年龄已在六十八九之间了。

晚于濮仲谦六十年，有一个李宝函，他是嘉定人，刻竹仿濮仲谦，精妙为一时之冠。他在苏州虎丘做刻竹生意，定价不二。他的太太印白兰，一字幽谷，能诗，夫妇时相唱和。他的作品很名贵，二十年前，他所刻的一把折扇，就要卖到一百元左右。乾隆年间，江西新昌县又有一个刻竹能手，名潘西凤，字桐岗，人们称他老桐。郑板桥诗中说他刻竹艺术，为濮仲谦以后第一人。